GRAVITY 重力

ELECTRICITY 電

FORCES 力

小學生的
# STEM科學研究室

## 物理篇
Physics for Curious Kids

FLOATING AND SINKING 浮與沉

LIGHT
光

SOUND 聲音

蘿拉·貝克 Laura Baker 著　艾力克斯·佛斯特 Alex Foster 繪

蕭秀姍 譯

商周教育館 53

**小學生的 STEM 科學研究室：物理篇**

**作者**── 蘿拉‧貝克（Laura Baker）
**譯者**── 蕭秀姍
**企劃選書**── 羅珮芳
**責任編輯**── 羅珮芳
**版權**── 黃淑敏、吳亭儀、江欣瑜
**行銷業務**── 周佑潔、黃崇華、張媖茜
**總編輯**── 黃靖卉
**總經理**── 彭之琬
**事業群總經理**── 黃淑貞

**發行人**── 何飛鵬
**法律顧問**── 元禾法律事務所王子文律師
**出版**── 商周出版
台北市 104 民生東路二段 141 號 9 樓
電話：(02) 25007008・傳真：(02)25007759
**發行**── 英屬蓋曼群島商家庭傳媒股份有限公司城邦分公司
台北市中山區民生東路二段 141 號 2 樓
書虫客服服務專線：02-25007718；25007719
服務時間：週一至週五上午 09:30-12:00；下午 13:30-17:00
24 小時傳真專線：02-25001990；25001991
劃撥帳號：19863813；戶名：書虫股份有限公司
讀者服務信箱：service@readingclub.com.tw
城邦讀書花園：www.cite.com.tw
**香港發行所**── 城邦（香港）出版集團
香港灣仔駱克道 193 號東超商業中心 1F
電話：(852) 25086231・傳真：(852) 25789337
E-mail：hkcite@biznetvigator.com

**馬新發行所**── 城邦（馬新）出版集團【Cite (M) Sdn Bhd】
41, Jalan Radin Anum, Bandar Baru Sri Petaling,
57000 Kuala Lumpur, Malaysia.
電話：(603) 90578822・傳真：(603) 90576622
Email: cite@cite.com.my

**封面設計**── 林曉涵
**內頁排版**── 陳健美
**印刷**── 韋懋印刷事業有限公司
**經銷**── 聯合發行股份有限公司
電話：(02)2917-8022・傳真：(02)2911-0053
地址：新北市 231 新店區寶橋路 235 巷 6 弄 6 號 2 樓

**初版**── 2022 年 3 月 29 日初版
**定價**── 480 元
**ISBN**── 978-626-318-159-5

國家圖書館出版品預行編目 (CIP) 資料

小學生的 STEM 科學研究室：物理篇／蘿拉‧貝克（Laura
Baker）著；蕭秀姍譯 . -- 初版 . -- 臺北市：商周出版：
英屬蓋曼群島商家庭傳媒股份有限公司城邦分公司發行，
2022.03
　面；　　公分 . --（商周教育館；53）
譯自：Physics for curious kids
ISBN 978-626-318-159-5(平裝)

1.CST：物理科學 2.CST：科學教育 3.CST：初等教育

523.36　　　　　　　　　　　　　　111000683

線上版回函卡

# 目錄

# 歡迎進入
# 迷人的物理學

你是否曾聽過火箭發射時驚天動地的巨響，
或是磁鐵吸在一起時的神秘咔喳聲？
你是否曾看過橫跨水面、高度驚人的橋梁，
以及能讓我們看見這個世界的光？
所有這一切都有個共同點：
它們都能用**物理學**來解釋。

物理學研究能量與物質，
也研究能量與物質在時間與空間上的關係。
小到原子或是大到宇宙，都是物理學的研究範圍！
有些人會仔細檢視物理學中的定律與力，
對這些人來說，物理學就是用來了解與物體運動有關的一切！
對另外一些人而言，物理學就是用來了解波動如何產生光與聲音。
還有一些人會運用物理學來了解能量、電力，甚至太空。

研究物理學的人士稱為**物理學家**。
他們努力去了解浩瀚的宇宙，以及宇宙萬物如何運作。

那麼現在就請你翻開本書，
去探索周遭世界中神奇又迷人的物理知識，
成為一名物理學家吧！

# 像物理學家那樣思考

物理學是一門**科學**。
科學就是用來了解我們的世界與寬廣的宇宙。
對壯麗的地球了解得越多，我們也會產生更多的疑問。
經由持續地探索答案與解釋，我們可以學習及成長。
科學甚至可以讓我們過得更好。
那麼，我們該怎麼做才能像物理學家那樣思考呢？

## 質疑每件事

身為科學家很重要的一件事，就是要提出疑問。科學家如果遇上不了解的事，就會提出疑問。然後他們會進行**預測**，並針對答案提出**假設**。假設是為了替研究提供起點所提出的一種解釋。

然後科學家開始設計**實驗**來驗證假設，並進行觀察與收集數據。科學家必須確保實驗的條件保持一致，也必須重複做出相同的實驗結果。實驗可能需要多次嘗試才能成功，也才有辦法得出**結論**。愛迪生在成功發明燈泡之前，也曾做出數幾百個失敗的燈泡！科學家會從每一次失敗的嘗試中，學習到失敗的原因，這些都是更能接近成功的重要發現。

燈亮了！

## 進行許多實驗

有些實驗會在**實驗室**這類能控管環境的空間進行，也有些會在「戶外」進行。無論是什麼樣的實驗，科學家都必須先決定好**研究方法**，也就是他們所要採取與重複進行，以確保實驗能夠完成的步驟。此外，進行實驗前也必須做好安全措施！

## 記錄下來

科學家進行實驗時要仔細精確,並**記錄**下實驗的所有步驟、材料與結果。這表示他們之後可以進行分析或重複測試。若想重複實驗,只需在所有其他條件都保持相同的情況下改變要測試的部分,或許就能從**數據**中得出模式,也可能會發現新的問題!

## 不要停止提問

近年來,科學有極大的進展。在你有生之年,也會出現許多新穎與不斷更新的科技。有科學家持續提出問題與發明創造,讓我們得以期待他們接下來會帶領我們前往何處!

### 簡單的科學

一名物理學家可能會經由將球滾下不同斜坡來測試重力與阻力。

問題:球從哪一個斜坡滾下來的速度最快?

假設:球從平滑斜坡滾下來的速度最快。

**材料:**
1顆圓球
1個托盤
3種可以鋪在托盤上的不同材料:油、砂紙、毛氈
1個碼錶

**實驗方法:**
1. 將托盤傾斜擺放,並在托盤上塗油。
2. 讓球滾過托盤,並用碼錶計算球從托盤頂端滾到底部所需的時間。
3. 重複10次並記錄結果。
4. 將托盤清理乾淨後,在上面鋪一層砂紙。確定托盤擺放的斜度跟之前一樣後,再重複進行實驗。
5. 移除砂紙後改鋪毛氈,重複進行之前的實驗。

**結論:**
球每次都是在塗油的托盤上最快滾動到托盤底部,所以球在光滑表面滾動的速度最快。

**解釋:**
光滑表面很滑溜,對球所造成的阻力最小,所以球能夠毫不費力地迅速滾下塗油的托盤。砂紙與毛氈因為比較凹凸不平,造成球滾動的速度變慢。

# 力與運動

力是物理學研究的部分基礎。
從重力所產生的拉力到壓力所產生的推力，
從物體的上浮到物體的下沉，都與物理學有關。

**動力學**研究因力而發生的運動，
也就是在研究宇宙中的力量所引發的運動。
在這個章節中，我們將研究包括
重力、壓力、摩擦力、阻力、浮力與磁力等等的各種力。
然後還會進一步去了解這些力在我們的世界中如何作用。
像是賽車如何從靜止狀態達到高速狀態，
以及電梯如何上下移動。
準備好來場力的動感之旅了嗎？

# 感受力的存在

力讓我們能以我們明瞭的方式過生活。
力幫助我們站在地面、在地面上行走、開車、滑冰，甚至飛行。
沒有力，我們的生活將會變得非常不同！

## 什麼是力？

簡單來說，力就是可以改變物體速度、方向或形狀的推力與拉力。有些力會在物體彼此接觸時作用，例如在路面上轉動的腳踏車輪。有些力則是在物體完全沒有接觸的情況下作用。你曾看過磁鐵隔空吸取桌上的一枚迴紋針嗎？這就是力在作用！

## 找到平衡

有些力始終都在作用，例如重力一直在對物體（還有你）施加往地球的拉力，而其他力要作用就需要額外施點力。力**不平衡**時，物體就會產生改變。以拔河為例，繩子兩邊的隊伍都試著要將對方拉過中線，若兩邊的拉力相等，沒有人會移動。但若有一邊的拉力強過另一邊，就會產生勝利者了！

# 牛頓運動定律

知名物理學家牛頓出生於1642年。他發現了可用於解釋力如何讓物體產生運動的3個簡單定律。被稱為**運動定律**的這些定律，可用來解釋從微小原子到大型太空船等一切物體的運動。

**1. 物體沒有受到任何作用力時，會繼續維持它原有的狀態。**

這代表若是一個物體是靜止的，它就會繼續維持靜止狀態。若是物體在運動中，它就會以同樣的速度往同樣的方向運動，直到有其他力改變了物體的運動。舉例來說，若是你在光滑的溜冰場上溜冰，你會一直滑行到撞上東西為止！

**2. 物體的加速或減速，取決於施加其上的力與物體的質量。**

加速就是速度變快，而減速就是速度變慢。越輕（或**質量**越小）的物體，就能越快加速或減速。賽車比大型卡車輕盈許多，所以能夠迅速加速。這項定律也表示，較大的力可以造成更快的加速或減速。你越用力推物體，物體就移動得越快！

**3. 每個作用力都有大小相同，但方向相反的反作用力。**

力是成對作用的。若一個物體向另一個物體施力，被施力的物體也會回應同等的力。火箭就是利用這個原理發射升空。火箭內部的燃料燃燒所產生的推力推向地面，地面也以同樣的力道回推，將火箭推入太空！

# 重力

正是重力讓我們能夠一直站在地面，
少了重力，我們全都會飄起來！
沒有這股無形的力量來拉住我們的房子、寵物及落葉⋯⋯
所有東西全都會飄到太空去。
少了重力完整維繫太陽系，太空就不會是現在這個模樣了。

##  重大發現

重力一詞是在1600年代由牛頓所提出。它是種無所不在的力，這股**力**會將具有**質量**或能量的物體聚集在一起。物體越接近彼此，重力就越強大。除此之外，物體的質量越大，**重力**就越大。舉例來說，地球的質量很大，所以它的重力會將所有物體都拉到地球上，讓你得以穩穩站在地面。你也會將地球往你的方向拉，但那股拉力微乎其微。

## 對抗重力

物體在向地球掉落的過程中，速度會越來越快。但你可能注意到了，並非所有物體都以同樣的方式掉落。石頭似乎會直直落下，而羽毛卻是會來回飄蕩直到輕輕落到地面為止。**空氣**會阻礙重力，對移動的物體施予回推的力量。表面積越大，空氣阻力就越大。降落傘就是利用空氣阻力讓跳傘者減速降落。降落傘的弧形設計還可以讓空氣滯留其中，利用氣壓幫助跳傘者減速，安全落地。

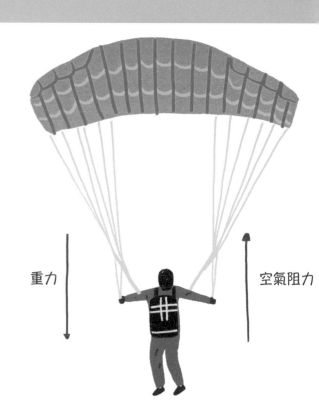

重力　　　　　　　　　空氣阻力

## 定在太空中

重力無所不在。不只地球，宇宙中也存在強大的重力。地球對月球施予重力，讓月球能在**軌道**上繞著地球運轉。月球也回頭對地球施予重力，將海水往月球的方向拉起，對海洋的**潮汐**造成影響。除此之外，太陽也以重力對太陽系的行星施予往太陽方向的拉力。重力讓宇宙聚集在一起。

地球之外！

天王星
海王星
土星
木星
火星
地球
金星
水星
太陽

 ## 物理新鮮事

太空人在宇宙中會長高一些！因為在地球上，重力會將人的脊椎骨往下壓得緊密一些。而在太空中，因為重力較小，所以骨頭會稍微拉開，使得太空人最多會長高3%左右。

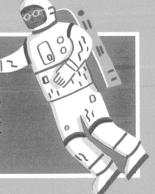

# 壓力

我們所存在的空間中有著許多看不見的力。
即使我們只是直挺挺地站在地面，也有許多力作用在我們身上。
重力將我們拉往地面，地面也同時將我們推回去。
還有來自四面八方的空氣壓力，而我們的身體也會將空氣推回去。
我們有時不會注意到這些壓力，但有時也會感受到壓力的存在！

## 什麼是壓力？

壓力是作用在某一表面上的推力。壓力可強可弱，可分散作用在大區域，也可集中作用在小區域。若對一小塊區域用力推，所產生的壓力就會比較**大**。若張開雙手對著較大的區域輕輕推，壓力就會比較**小**。你可以應用這個知識來發揮優勢，如果你將力量集中在小區域，馬上就能感受到這比分散壓力時的力道要強大許多！

沒有壓力！

以氣球為例，用手指去戳氣球是很難弄破氣球的。這是因為指尖的表面會分散壓力，使得力量不夠強大到可以弄破氣球。不過若是用針戳氣球呢？這麼做的話，壓力會因為集中在針尖的小區域裡而突然倍增，就可以輕鬆戳破氣球，讓氣球碰的一聲破掉了！

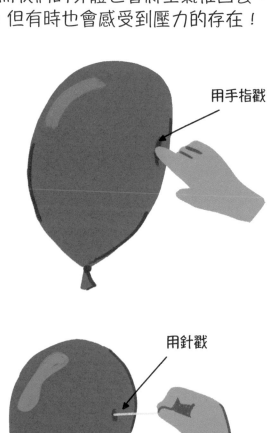

用手指戳

用針戳

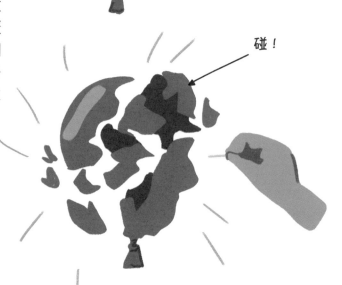

碰！

## 🎈 肩上的重擔

你可能以為空氣沒有重量，但其實重力讓每個空氣分子都帶有一些重量。在數量龐大的情況下，空氣也會產生壓力。大氣就像是一條包裹住地球的大毯子。大氣對地球表面施力，並創造出**氣壓**。高處的**大氣壓力**比較弱，因為那裡的大氣比較稀薄。不過越接近地面，空氣越厚重，當這些空氣的重量向下施力時，就會造成較高的氣壓。

同樣的原理也適用於水。**水壓**是水的重量對你施加的力。越接近水面，水壓越小。不過當你潛入深海時，水壓會上升。這是因為水的重量增加，以及上面的水向下施力所造成。深海潛水夫會穿戴特殊潛水衣以及氧氣筒，好讓他們可以在高壓的環境中潛水。

## 🎈 測量壓力

氣壓會隨著天氣狀況有所改變。科學家會使用**氣壓計**測量氣壓並預測天氣。若氣壓高，你可以預期會出現晴朗且氣溫較低的天氣。若是氣壓低，可能就會出現比較暖和且有暴風雨的天氣！空氣分子具有從高氣壓地區往低氣壓地區移動的傾向。所以若是出現氣壓差，預報員就可以事先預測出會有刮風的情況。

# 摩擦力

如果你曾經去過溜冰場，你就知道摩擦力有多重要了。
少了摩擦力，物體跟人都會四處滑動！

## 什麼是摩擦力？

摩擦力是一種會讓物體減速的**阻力**。它作用的方向與物體運動的方向相反，當物體與另一個物體相互摩擦時，就會產生摩擦力。

摩擦力的大小，取決於物體表面的光滑程度。**光滑**表面所產生的摩擦力比較小，物體可以輕易滑過表面。溜冰鞋能在光滑的冰面上滑行，而滑雪板則可以在光滑的雪地上輕鬆滑動。不過，**粗糙**的表面就會產生很大的摩擦力。要把沙發推過地毯非常不容易，因為沙發很重而且地毯又很粗糙！

## 順暢滑動

要減少摩擦力，就要盡可能將物體設計成無摩擦力的外型。滑雪板可以在雪地滑行，因為它們不只很光滑，還很輕盈平坦。這種精心的設計將滑雪板與雪地之間的阻力降到很小，讓滑雪者可以輕鬆衝下山去。

## 🕸 抓地力

另一方面，有些物品就是專門設計來產生摩擦力，以便提供適當的抓地力。鞋子會有凹凸不平的鞋底，以便在你行走時提供抓地力，讓你避免滑倒。一台腳踏車也充滿了各種與摩擦力有關的巧妙裝置，讓你可以平穩地騎上路。

腳踏車鏈條會用油來**潤滑**。潤滑劑是使用能減少摩擦力的光滑材料所製成。潤滑油有助於腳踏車的鏈條順暢轉動。

車把、踏板與座位的表面會有凹凸不平的紋路，防止你的手、腳與屁股滑落。

腳踏車輪胎的胎面狹窄，與路面接觸的面積也小。這樣有助於減少摩擦力，讓腳踏車可以一直前進。

車輪在地面上轉動。⟶

⟵ 與地面的摩擦力會減慢車輪的速度。

你想停車時，煞車片會夾住車輪，它所產生的摩擦力會讓車輪的速度慢下來。

## 🕸 生熱

摩擦也會生**熱**。摩擦你的雙手，你就會發現手的溫度上升了。車輪在路面上運轉時也是一樣。輪胎的橡膠會發出焦味，就是因為輪胎快速滑過地面造成輪胎過熱的關係。

# 阻力

在日常生活中不太容易感覺得到像重力這樣的力。
但從事某些活動時,有些力就會為我們帶來挑戰!
空氣與水所造成的阻礙會產生**阻力**,讓你的速度明顯慢下來。

## ✳ 什麼是阻力?

**阻力**來自摩擦力,這個力會將運動中的物體推回去,造成物體的運動速度變慢。物體運動的速度越快,阻力就越大。

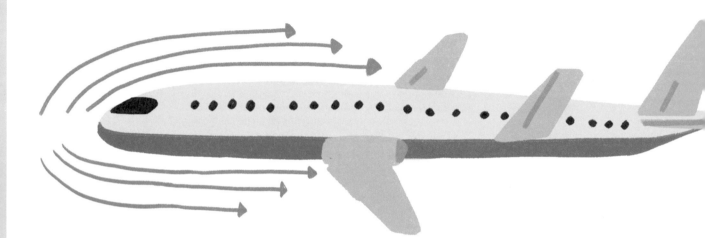

## ✳ 空氣阻力

**空氣阻力**是發生在物體與空氣之間的一種摩擦力。當你飛快地騎著腳踏車,覺得空氣打在臉上時,就是感覺到空氣阻力了。汽車、腳踏車與飛機的設計都**符合空氣動力學**,也就是具有可以減少空氣流經時所造成的阻力的流線型。飛機長長的圓弧形狀意味著,空氣碰觸到機身時會被快速引導至四周並流走。比起表面寬闊平坦的物體,薄而尖的物體所受的空氣阻力較小。

### 物理新鮮事

即使汽車已經盡可能地設計成流線型,它還是得耗費一半以上的燃料來克服阻力。

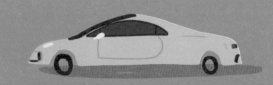

## ✳ 水阻力

**水阻力**是發生在物體與水之間的一種摩擦力。這裡拖慢運動物體速度的是水。如同空氣阻力那般,物體的體積越大且運動速度越快,水的阻力就越大。許多海中生物就像符合空氣動力學的汽車或飛機那樣,具有流線型的身軀,讓牠們可以在海中迅速游動。海中最頂層的掠食者大白鯊就具有魚雷狀的身體,方便牠們在水中衝刺捕捉獵物!

游泳時皮膚與水粒子之間會產生摩擦力,所以得要努力克服水阻力,才能穿過水前進。將頭內縮並伸展手與手臂,減少水回推以及讓速度慢下來的身體面積,就可以更快速前進了!

降低阻力!

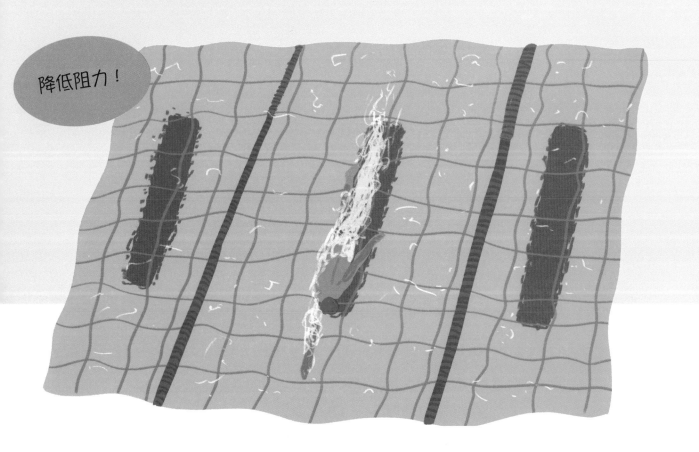

# 浮力

物體在水中時，會有許多力作用在物體上。
我們知道水阻力會在物體試著要移動時，將物體推回去。
但是，浮起來及沉下去又是什麼樣的情況呢？物體要如何才能沉下去或是浮起來呢？

沉下去或
浮起來？

向上推力

重力

## 什麼是浮力？

**浮力**是指某物體浮在水或其他液體中的能力。一個物體可以漂浮在水面時，我們就會說它**浮**著。要是你試著向下游至游泳池底部，就會感受到浮力正試著將你推回水面。

## 一直浮著

每個在水中的物體都會受到2種力的作用。一種是**重力**，物體本身的重量會將物體向下拉。另一種是**向上推力**，這是水向物體施加的推力。若這兩個力相等，物體就會**懸浮**在水中。若向上推力大於重力，物體會向上漂浮在水面。這就是為什麼羽毛或是輕的樹枝可以漂浮在湖面上的原因。

## 物理新鮮事

我們的身體在死海中會浮起來，這是因為死海的水中含鹽量高，造成死海水的密度大過一般的水。浮力大過重力，所以你會浮起來！

## 打破平衡

不過，若是重力大過浮力，物體就會**下沉**。舉例來說，沉重的船錨會直直沉到湖底，讓漂浮在湖面的船隻可以維持在定點。

 # 原來是這樣「魚」回事

魚類與其他海洋生物巧妙地演化到可以適應海底世界。牠們必須克服重力與向上的推力，確保自己在水中不會下沉或上浮。這些力在大多數的魚身上通常是相等的，使得牠們可以自然地待在海面與海底之間的海水中。不過魚類的雙鰭下還藏有一項法寶！那就是可以貯存氧氣的魚鰾。魚兒若是開始下沉，牠的魚鰾就會吸入更多氧氣；相反的，魚兒若是往上浮太多，牠的魚鰾就會釋出氧氣。

# 磁力

無論是自然發生或是人為造成的磁性，都是種神奇的現象。
磁性可以讓物體相吸或相斥，甚至在空中飛舞。
科學家得透過物理學來了解磁性這個世界之謎。

## 磁力

**磁力**是兩個金屬物體之間所存在的一種力。磁力由電荷所創造，讓物體間可以**相吸**或**相斥**。每個磁鐵都有**兩極**：北極與南極。同極靠近時會相斥（例如：北極與北極，或是南極與南極），而異極靠近時會相吸（北極與南極）。

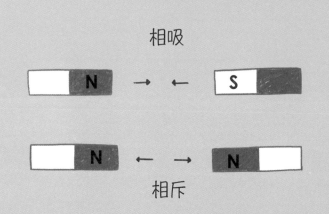

相吸

相斥

## 磁性材料

並非所有物質都具有磁性。事實上，只有少數物質具有磁性！首先，物質要具有磁性就必須以**金屬**製成。其次，這種金屬要能維持住磁荷。鐵、鋼、鎳與鈷都是具有磁性的金屬。而銀與金這類金屬則沒有磁性。

有些金屬的磁力不會消失，這種金屬稱為**硬磁鐵**或**永久磁鐵**。貼在冰箱上的磁鐵就是這種類型的磁鐵！而有些金屬在磁鐵接近時會變得有磁性，但它本身並沒有磁力。這種磁鐵稱為**軟磁鐵**或**暫時磁鐵**。

## 磁鐵世界

磁鐵在我們的世界中扮演著重要的角色。事實上，有些磁鐵甚至可以幫忙保護地球，像是回收廠所使用的磁鐵。回收廠會使用巨大的磁鐵起重機來分離取出磁性金屬以便回收，如此就能避免有用的金屬被送到垃圾掩埋場。磁鐵還可以應用在精密的高速列車上，新穎的磁浮列車就是使用磁力相斥的特性，讓列車懸浮在軌道上。

除此之外，地球本身就是個巨大磁鐵！這是因為地球核心處融化的鐵在運動的關係，並因此在地球的兩極之間創造了一個無形的**磁場**。這個磁場可以吸引來自太陽的磁性粒子，這些粒子在進入大氣層時會被燃燒殆盡，而它們所產生的光影就是所謂的極光。

## 物理新鮮事

當你站在北極時，指南針的北極指針就會往下（而不是向上）。當你站在南極時，就會變成南極指針往下了！

# 力的作用

如果我們能夠運用力而不是與它對抗，那麼我們的日常工作做起來就會輕鬆一些。人們打造機器就是為了好好運用力，以便減少原先得要耗費的精神與力氣，讓我們搬運重物時會比徒手時輕鬆許多。物理學幫助我們建立與運作這個世界。

##  助力

簡單的機器可以經由**放大**施力來提供協助。也就是當你施力時，機器會幫忙讓力變大。如此一來我們就能抬起或拉動重物或有阻力的物體。

##  槓桿

**槓桿**就是一種用來抬起重物的工具。槓桿指的是一根位在固定點（**支點**）上的桿子。若是壓下桿子的一端，另一端就會抬起。我們使用槓桿時，物體通常離我們有段距離，槓桿會以支點為樞軸，使得抬起槓桿另一端重物的力，可以小於直接抬起重物的力。像鉗子這類簡單的小工具也是應用槓桿原理，將手柄壓在一起時，微弱的力量會被支點放大，在另一端形成強大的力道。

##  齒輪

**齒輪**是邊緣呈齒狀的輪子。齒輪可以經由齒狀部位相互連接，與其他齒輪或鏈條相連。一個齒輪轉動時，會讓相連的另一個齒輪往反方向轉動。齒數多的小齒輪，使用較小的力就可以快速轉動。齒數少的大齒輪，則需要用到比較大的力，而且轉起來慢多了。汽車、腳踏車、指針式時鐘與許多日常生活物品，都是運用齒輪來運轉。齒輪轉動時會放大施力，讓東西可以運作。例如踩著腳踏車踏板讓齒輪轉動，以鏈條相連的後輪就會跟著轉動，腳踏車就會往前進了！

# 滑輪

**滑輪**是一種用來抬起重物的簡單機械。在滑輪裝置中，會有繩子纏繞在輪子上。繩子的一端連接到重物，將繩子的另一端往下拉則能抬起重物。比起徒手抬起重物，利用滑輪拉動繩子來抬起重物會平穩許多。**滑輪系統**使用一系列的輪子來抬起更重的物體。每個滑輪都能減少抬起重物所需的**力道**。這是因為每個滑輪都會將力量放大，所以用小小的力道拉其中一端，就能抬起另一端的重物。起重機就應用了滑輪系統。

**電梯**也是利用滑輪來運作。巨大的金屬纜繩穿過輪子，纜繩的一端連接到電梯的車廂中，另一端則裝有**對重裝置**，可以拉下並平衡另一邊的重量。此外還有電動馬達上下拉動纜繩，讓電梯可以上下移動。

往上！

# Chapter 2
## 能量與電

能量照亮了我們的世界。
除此之外，它還能讓一切成真！
從植物生長到人們跳舞再到賽車，所有會動的事物都需要能量。
能量可以使用，也可以改變，還可以轉換或儲存。
熱、光與電等等的許多事物都是能量。能量無所不在！

**能量學**在研究能量如何表現、轉換與變化。
在這個章節中，我們將檢視能量從何而來、能量如何使用、能量的類型，
以及我們如何供給世界能量。
我們還會檢視**電子學**，以及能量如何在電路中傳遞。
讓我們在探索這一章的過程中充飽滿滿的能量！
你，準備好了嗎？

# 關於原子

物質由粒子所組成，而粒子的運動常常涉及能量。
宇宙萬物都是由**原子**所構成。
雨水、房子，甚至鼻子與星星都是如此。
原子組成物質，物質又構成了我們的世界。

##  什麼是物質？

**物質**就是構成物體的東西。所有的物質中都含有名為**原子**的微小粒子。原子**極其微小**。一顆小沙粒中就含有60,000,000,000,000,000,000個原子！原子的排列方式，會決定物質的狀態——固體、液體或氣體；有些狀態可以被透視，有些則不行。

##  原子內部

雖然原子非常小，但原子內部還有更小的東西存在！這些東西就稱為次原子粒子。

**電子**位在殼狀軌道上，圍繞著原子核旋轉。電子是帶有**負電荷**的粒子。正負電荷會相互吸引，所以電子會被質子所吸引。而電子甚至比質子與中子還要小。

**原子核**位於原子的中心，是由質子與中子所構成。

**質子**帶有**正電荷**，是構成原子核的其中一種粒子。

**中子**是構成原子核的另一種粒子。中子不帶電,質量跟質子差不多。

 ## 結合在一起

原子會形成什麼樣的物質,是由原子核中的質子數量所決定。舉例來說,具有79個質子的原子就是金,而氧的原子核中就只有8個質子。像金與氧這類的物質就稱為**元素**。

原子常會與其他原子結合形成**分子**。一個分子中會有2個以上的原子鍵結在一起。分子中的原子組合,決定了這種分子會是何種物質。1個氧原子與2個氫原子結合,就會形成液態的水分子。一滴水中就包含了數百萬個水分子。不過,當2個氧原子與1個碳原子結合時,所產生的並不是液體,而是二氧化碳氣體。另外,2個氧原子結合就會產生我們呼吸所需的重要氧氣($O_2$)。

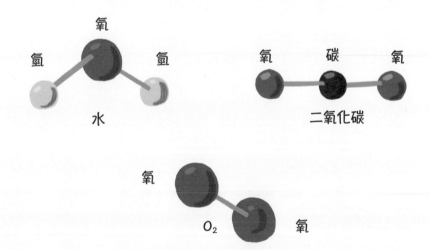

氫　氧　氫
水

氧　碳　氧
二氧化碳

氧
$O_2$　氧

## 物理新鮮事

人體內的所有原子在這數十億年間都不斷地被回收與使用。

# 為世界注入能量

能量為人類、植物、汽車、房屋等許多事物提供動力。
沒有能量,世界會陷入寒冷黑暗中,生命也不會存在。

## 什麼是能量?

能量使得許多事物得以運行。能量協助宇宙萬物運作,從移動到發光到加熱都包括在內。能量有著許多種形式。

**熱能**能讓東西升溫。能量會從熱的地方往冷的地方移動。舉例來說,火焰燃燒時會釋出光和熱,並傳遞到坐在附近的人身上。

**光能**來自發光的物體。光沿著直線行進,從物體上反射進入我們的眼睛。

**聲能**是由振動所產生,振動可經由空氣傳送到我們的耳朵中。

**電能**來自聚集成群且一同移動的帶電粒子。流經電線的電荷可以為物體提供電力。電能還會產生閃電!

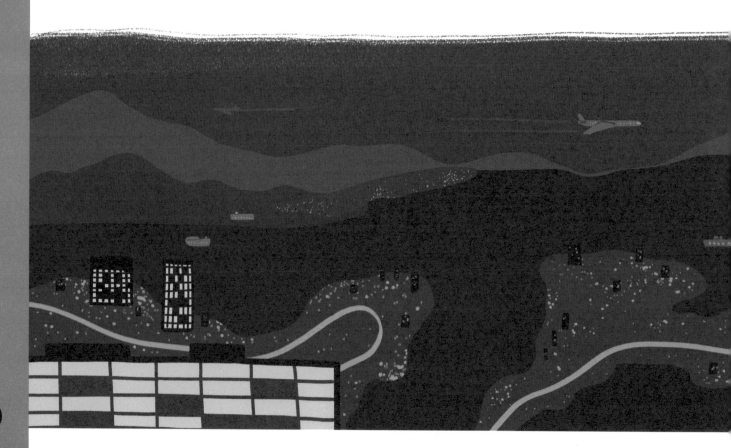

## ☀ 賦予地球動力

**太陽**為地球提供了大量的能量。它傳送了光與熱，幫助我們看見世界並保持溫暖。

太陽主要是由氫原子構成。太陽炙熱到讓這些氫原子失去電子，只留下原子核中的質子。這些原子核結合在一起形成氦原子。當氦原子融合形成更重的原子核時，就會釋出能量。這個過程稱為**核融合**，會釋出極為巨大的能量！

## ☀ 能量如何運作？

科學家相信宇宙中的所有能量，起源於138億年前的大霹靂。今日的能量既不會被創造出來，也不會被摧毀，而是從一個物體轉移到另一個物體上。舉例來說，太陽的能量可以轉移到植物上，以養分的形式幫助植物生長。然後動物可能會吃下植物，此時能量就會再轉移到動物身上。能量可以儲存起來留待以後使用，比如說儲存在電池中。

## ☀ $E=mc^2$

愛因斯坦出生於1879年，他是20世紀非常知名的科學家。他所提出的方程式 $E=mc^2$，甚至比他本人還出名！愛因斯坦表示，物質就等同於能量。物質由粒子所構成，而質子與電子這類粒子在本質上就是能量。他的公式顯示物質釋出的能量（E）就是物質的質量（m）乘以光速的平方（$c^2$），這是個非常巨大的數字！簡單來說，這意味著少量的物質就足以釋放出巨大的能量，例如原子彈可以產生巨大爆炸。

# 儲存能量

你可以把能量想成是錢。
錢可以存下來留待日後花用，也可以馬上花掉換取你想要的事物。
能量也以類似的方式運作，它能儲存下來備用，也能立即使用。
現在就讓我們來看看更多類型的能量。

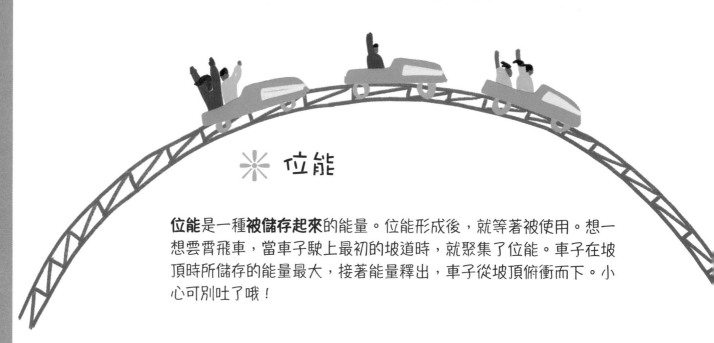

## ✳ 位能

**位能**是一種**被儲存起來**的能量。位能形成後，就等著被使用。想一想雲霄飛車，當車子駛上最初的坡道時，就聚集了位能。車子在坡頂時所儲存的能量最大，接著能量釋出，車子從坡頂俯衝而下。小心可別吐了哦！

## ✳ 彈性位能

壓扁彈簧或拉長橡皮筋時，就會產生**彈性位能**。這種位能儲存在被壓縮或是拉張的物質中。物質被壓縮或拉張的幅度越大，所儲存的能量就越大。物質一旦被壓縮或拉張，就會儲存下能量，並且在你一放手時就回復到原來的狀態。

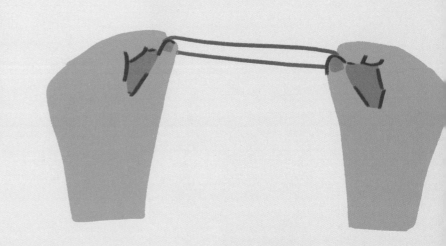

## ✳ 重力位能

所有物體都具有**重力位能**，因為重力會將它們拉向地球。物體越高（以及越重），重力位能就越大。將一顆球高舉過頭，就會賦予這顆球重力位能。一旦放手，能量就會釋出，球就會掉到地上（或你頭上！）。

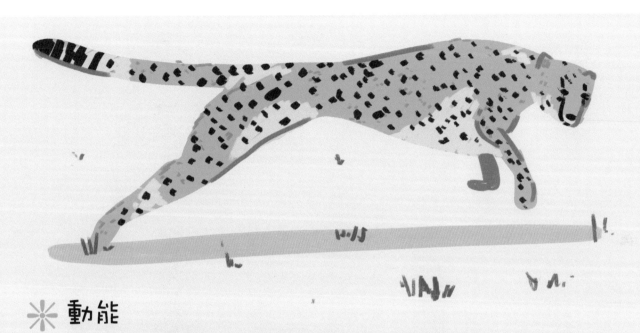

## ✳ 動能

位能常會轉換成**動能**，也就是物體運動的能量。物體運動得越快，動能就越大。雲霄飛車從坡頂開始向下俯衝時，位能就會轉變成動能。動能再加上重力，會讓雲霄飛車加速。運動中的宇宙萬物都具有動能。獵豹在奔跑時會將儲存在肌肉中的位能轉換成動能，在地面上快速奔馳。

## ✳ 打破鍵結

所有物質中都儲有**化學能**，就存在於分子中用於結合原子的化學鍵結中。化學反應發生時，鍵結會被打破，因而釋放出能量。燃料與食物具有許多化學能。我們進食時，人體會打破食物中的化學鍵結，讓能量得以釋放，轉移到我們身上。

# 有限的能源

我們知道能量驅動了世界。但能量要如何運用？
世界上有許多種不同的能量來源，
包括了最終會消耗殆盡的能源，以及能夠持續取得的能源。
讓我們先著眼在無法再生的能源上。

## 越來越少

**非再生能源**來自那些用完就沒有的資源。這類能源形成的速度太過緩慢，以致我們無法再以當前的速度來消耗它們。這類能源包括了石油、煤炭與天然氣等，可以為汽車、飛機、工廠等工具或場所提供動力的物質。

## 化石燃料

**化石燃料**是指煤炭與石油這類天然燃料。它們是從幾百萬年前的生物遺骸所形成的。隨著時間流逝，這些生物遺骸被層層掩埋在土壤與岩石之下。人們會挖掘開採這些物質與燃料。

耗費多年
才能形成！

化石燃料含有大量的**儲能**。以煤炭為例，煤炭曾是植物，這些植物以化學能的形式儲存從太陽那裡取得的能量，這些化學能跟著植物一起掩埋在地底下。石油與天然氣來自被埋在海床下的海洋動植物。這些儲能跟著生物一起被掩埋起來。

## 發電

化石燃料燃燒時，化學能會利用熱能來轉換成動能。發電廠燃燒化石燃料，將熱能轉換成電力。

## 太多熱

燃燒化石燃料會產生大量的**二氧化碳**氣體。二氧化碳會將太陽的熱能困在大氣層中。工廠與汽車燃燒煤炭與石油,排放到大氣中的二氧化碳日益增多。二氧化碳越多,地球就會越熱,這就是所謂的**溫室效應**。溫室效應造成**全球暖化**,讓地球的溫度全面上升,而全球暖化又造成**氣候變遷**與嚴重影響。這是因為地球的溫度上升造成氣候大變,也讓整個生態系統都受到影響。

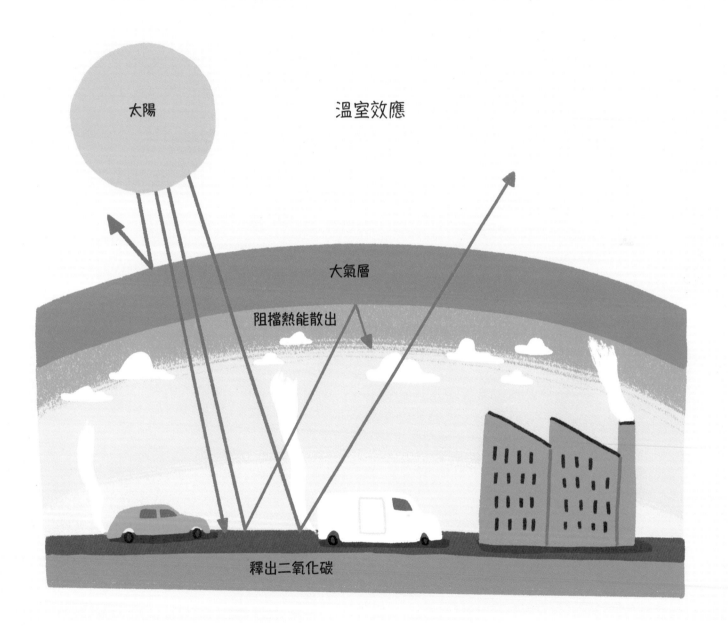

太陽

溫室效應

大氣層

阻擋熱能散出

釋出二氧化碳

 ## 核能

**核能**與化石燃料不同,是由核反應所產生。鈾與鈽這類**核燃料**會在核反應中釋放出能量。發電廠能夠將這種能量轉換成電力。核反應雖然不會釋放二氧化碳,但仍然具有危險性。核廢料具有放射性,必須小心存放。

# 可再生的能源

科學家們致力於開發對環境友善且安全的嶄新發電方式。
地球上有許多可以利用的資源是不會用盡的。

 ## 再生能源

**再生能源**來自不會用盡,或是可再
補充的資源,包括了太陽能、風力
等等。這類不會危害地球未來就能
生產的能源,稱為**永續能源**。

## 風力

風是空氣的流動所造成。風的動
能可用來轉動**風力發電機**的葉片,動
能轉移到葉片上,然後再經由發電
機將動能轉換成電能。這種能量不
會產生有害氣體,但是需要仰賴風
力。若是沒有風,就無法發電!

 ## 生物能源

**生物能源**指的是燃燒後可產生熱能與電能的動植物物質,其中包括了可以用種
植新樹的方式補回的樹木,另外也包括了糞便!排泄物可以製成丸狀,經由燃
燒產生熱,熱再產生蒸氣推動葉片啟動發電機。生物能源不只可以再生,還有
利於地球**回收使用**廢棄物。

## 水力

水的動能有各式各樣的應用。**波浪機**利用波浪的上下波動來驅動發電機。**潮堰**則是建在河口以獲取漲退潮之間的動能，再利用這股動能來發電。當水衝入潮堰中的管道，就會啟動發電機。建立**水霸**可以運用大量水的重力位能。擋在高處的水被釋出流過渦輪時，就會將動能轉換成電能。

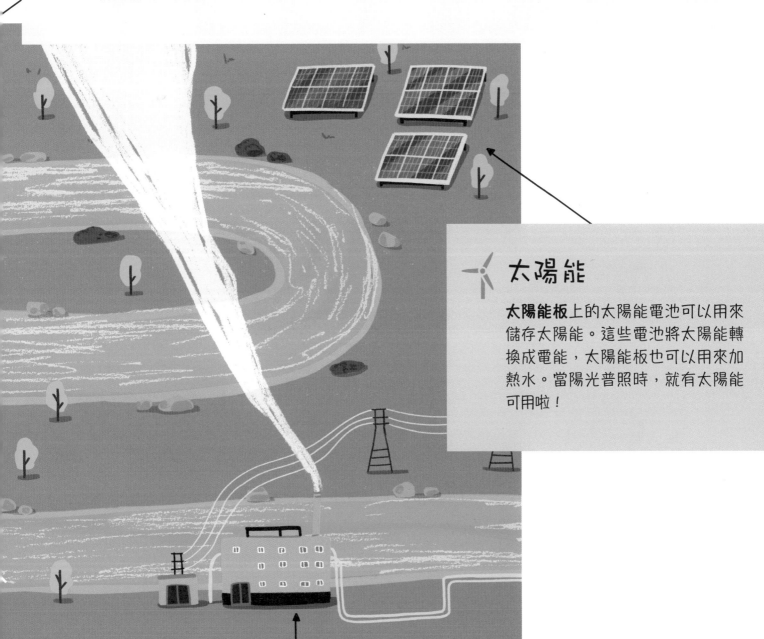

## 太陽能

**太陽能板**上的太陽能電池可以用來儲存太陽能。這些電池將太陽能轉換成電能，太陽能板也可以用來加熱水。當陽光普照時，就有太陽能可用啦！

## 地熱

**地熱**運用的是地球內部的熱。發電廠透過管道將冷水輸送到地表下。地底下的熱會將冷水轉變成水蒸氣，蒸氣再上升驅動渦輪轉動。這種再生能源只存在於地球的某些區域，也就是那些接近地表處有熱度足夠的地下岩石的區域。

# 熱能

熱是一種我們日常生活中都會碰到及感受到的能量。
我們會用火來加熱，也會享受陽光照在皮膚上的溫暖感受。
不過有時候，我們也會想要涼爽一點！

## 什麼是熱？

**熱能**來自原子及分子的運動。這些粒子移動得越快，就會變得越熱。冰冷物體的分子移動緩慢，所以熱量很少。若是分子的移動慢到完全靜止下來，它們的溫度就會到達所謂的絕對零度。

## 從熱到冷

熱能始終都是從熱的地方往冷的地方移動。熱移動的方式有3種。

**對流**：對流涉及到**原子**或**分子**的運動，這樣的現象會出現在**液體**與**氣體**中。液體或氣體加熱後，熱的液體或氣體會上升，冷的液體或氣體則會下沉填補空位。水在鍋中沸騰時，蒸氣與熱水會上升到表面，冷水則會向下填補空位。

**傳導**：傳導需要原子之間有電子的移動。**金屬**是良好的導體。熱會直接在金屬內部傳遞，從熱的地方往冷的地方擴散。你的手會比加熱的鍋子冷，所以手碰到鍋子時，熱就會從鍋子傳到手上。燙啊！

## 🔥 上升

一個籃子、一個燃燒器，以及一個充滿空氣的氣球所組成的熱氣球，能夠在空中翱翔，這都要感謝熱能。燃燒器產生的火焰，加熱了氣球內部的空氣。熱氣滯留在氣球弧形的氣囊中。隨著空氣溫度上升，分子移動得越來越快並擴散開來，填滿了整個氣球。經由**對流**，熱空氣上升，因此推動氣球上升。氣球內熱空氣的密度比外頭的冷空氣來得低，所以氣球會持續上升到空中。在氣球飄起的過程中，空氣會開始變冷，造成氣球下降。這時駕駛員會短暫開啟燃燒器再次加熱空氣，這樣熱氣球又會繼續上升了。

## 物理新鮮事

熱氣球在1783年成為讓人們成功飛上天的第一項科技！同年的幾個月前，首趟的熱氣球飛行就已經讓公雞、綿羊與鴨子飛上天了。

**輻射**：輻射是指能量以**波**的形式運動。這個過程不需要任何粒子參與。熱以不可見光的形式在空氣與空間中傳遞。熱的物體釋放出**紅外線輻射**，所以我們會感覺到熱度。來自太陽的射線或來自火焰的熱，向外**輻射**並帶給我們溫暖。

# 電

幾百年前，人們還沒有一按開關就能點亮的電燈，只能點蠟燭。
也沒有一開就有的暖氣，只能燒火取暖。
發現使用電的方法，改變了我們的世界。

## 什麼是電？

**電**是一種能量，可從一處流往另一處，或是聚集在一個地方。電是由帶有負電荷的微小電子所創造出來。在原子中轉動的電子，可以從一個原子跳到另一個原子去。幾兆個電子同時往相同方向移動時，就會創造出**電流**。

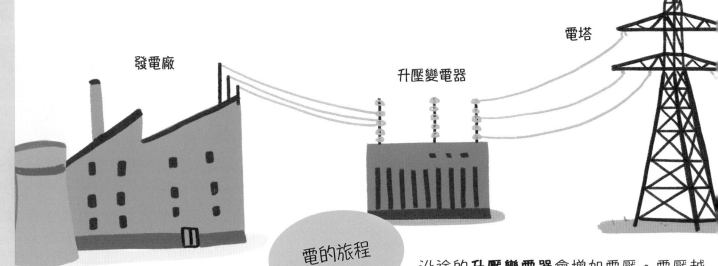

發電廠

升壓變電器

電塔

電的旅程

## 輸送到家

自然界中就有電，但電必須要能控制並轉換成可使用的電力，才能真正對我們有所幫助。發電廠裡的**發電機**可以從化石燃料、太陽能、風力與水力中獲得能源，並將它轉換成電能。

電從**發電廠**經由**電纜**傳送到我們家中。電纜可以架高鋪設，以**電塔**支撐，或是在鋪設在地底下，進入建築物中。這些線路將電力一路輸送到插著電燈、手機充電器與電視等電器的插座上。

沿途的**升壓變電器**會增加電壓。電壓越高，電流越小，以熱的形式浪費掉的能量就越少。

**降壓變電器**可降低電壓，讓電安全進入你家中。

## 電流

**電流**會從一地傳往另一地，它是可以從插座中流出，也能從**電池**中產生的那類型電。電池使用化學物質來產生電。電池的能量會變成電流。

## ⚡ 靜電

靜電是另外一種電，會在一處聚集。兩個特定材質的物體相互摩擦時，帶電粒子會從其中一個物體移動到另一個物體上。這樣一個物體就會獲得電子並帶有負電荷，而另一個就會帶有正電荷。

用氣球摩擦你的頭髮，電子就會從頭髮轉移到氣球上，造成氣球帶有負電荷，而你的頭髮則帶有正電荷。當你將氣球高舉過頭，頭髮就會跟著移動並附著在氣球上，這是因為頭髮帶有正電荷，會受到氣球的負電荷吸引！

頭髮豎起來！

降壓變電器

電線桿

房子

## ⚡ 閃電

**閃電**是從靜電產生的。雲裡的冰粒子相互摩擦形成電荷。當電荷的數量太大時，就會以閃電的形式跳到另外一朵雲或是地球上。

## 物理新鮮事

閃電會產生熱、光與雷聲，非常地壯觀。閃電伴隨著隆隆的雷聲，而且溫度是太陽表面的5倍高！

# 電路

電非常像水，可以沿著路徑流動，而且喜歡最簡短的路徑。
水會經由水管流動，電也會經由電纜及電線流動。

 ## 什麼是電路？

電路是電流動的路徑。若路徑能形成一個完整迴圈，電就可以移動。
若是路徑中斷，電就停止流動。電會以**電流**的形式四處移動。

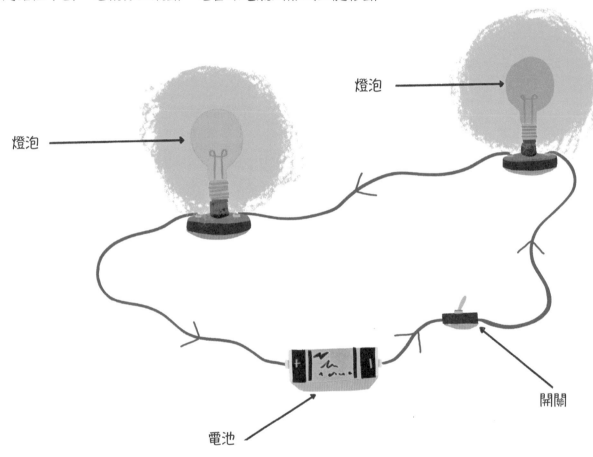

燈泡

燈泡

電池

開關

每個電路都需要一個具有正極與負極的**電力來源**，例如電池。**電線**將電力來源與你想要驅動的電器（例如燈泡）連接在一起，以形成完整的電路。電子帶著電從負極流往正極，在電線中流動。

**開關**可以開啟與關閉電路。切斷開關，就會中斷電路，電就不會流動。打開開關時，電路變得完整，電就可以流動。

電流流經電路上的**燈泡**時，燈泡就會亮起來。燈泡會將電能轉換成光和熱。

# 會導電嗎？

某些材質比另外一些材質更容易導電。**導體**是指電容易流過的物質，例如金屬。許多電線是用銅製成。**絕緣體**是電無法輕易流過的物質，例如塑膠或布料。電線會以塑膠包起來，將電包覆在其中，免得你觸電！

 ## 串聯

只有一個迴路的簡單電路就稱為**串聯**。在這種迴路中，每個物件都連在同一條路徑上。若在電路上再外加1個燈泡，燈泡就會變暗，因為有2個燈泡共享流過的電量。若再外加電力來源（例如電池），就會有更多電，燈泡就會變得更亮！

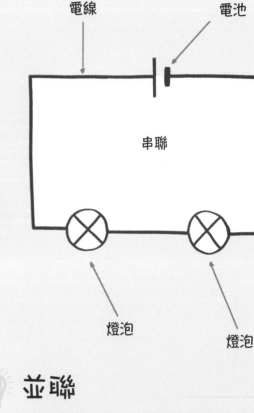

電線　　　　　　電池

串聯

燈泡　　　　　燈泡

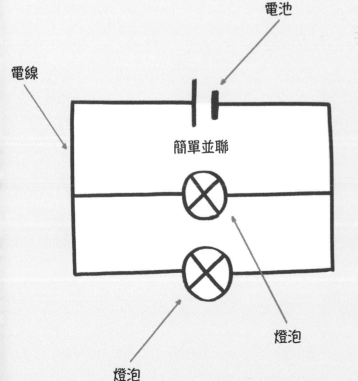

電池

電線

簡單並聯

燈泡

燈泡

## 並聯

在**並聯**的電路中，能量會流過2個**平行**的不同路徑，而且不同的物件會連在不同的電線上。在這種電路中，每個燈泡接收到的都是電池的完整電力。若其中一條路徑中斷，能量還是會持續流到另一條路徑去，只有電路壞掉的那顆燈泡不會亮。這裡電池的使用壽命只有串聯的一半，因為它為了要保持2個燈泡的亮度，輸出的功率是串聯的2倍。

# 家用能源

能源就在你身邊。
你在家中就能看見能源以多種方式為你的生活提供電力。
你能想像沒有能源的生活嗎？

聽**音樂**時所用的耳機或音響，都是經由電纜或電池的電力來啟動。聲音的能量從音響傳出，經由空氣的振動傳到耳朵。

**電燈**與**電器**也需要電能。它們是電路的一部分。開關啟動時電流會流過電路，讓它們發光或運作。

 ## 節約能源

使用能源是要花錢的，而且發電廠燃燒化石燃料還會造成空氣污染與全球暖化。所以盡可能地節約能源是很重要的事。這表示電器、電燈及熱水器不使用時，要記得關掉。也可以嘗試使用對環境友善的能源，例如太陽能，或是以走路、騎腳踏車來取代開車。

太陽能在家中有多種運用方式。可以使用太陽能充電座來將太陽能轉換成手機可以使用的電能。太陽還能溫暖房間，也將能量轉換到植物身上。

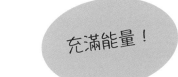

充滿能量！

許多家用物品都需使用**電池**。例如電動牙刷就是以儲存在電池內的化學能所驅動。

**煮飯炒菜**會用到電能及熱能。電爐插入牆上的插座中，經電能運轉，就會產生熱能，熱能轉移到食物上，將食物煮熟。瓦斯爐也是以同樣的方式，燃燒瓦斯產生能量。

而你或你的寵物**進食**時，儲存在食物中的化學能，就會變成儲存在身體中的化學能。這些化學能會轉變成動能或熱能，協助你運動或成長。

**騎滑板車**時，會將儲存在肌肉中的能量轉變成動能，讓身體動起來。你的力量會推動滑板車向前滑行！

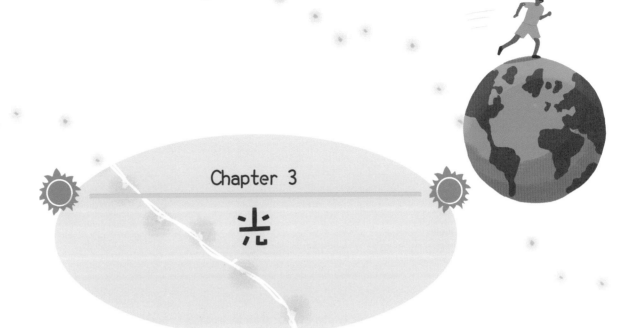

# Chapter 3

# 光

想一想陽光普照的景象，
有了光線，我們才能閱讀這一頁，
螢火蟲也才能在夜間閃爍。
光在我們的生活中非常重要，也很有用處。
但光是如何作用的？
它究竟是什麼呢？

**光學**是對於光與視覺的研究，
像是：光是由什麼所構成？光如何作用？我們又如何能看見？
在這個章節裡，
我們將瞭解與電磁波譜、波動、光速（光是宇宙中速度最快的東西！）、
光源、影子與彩虹相關的知識，
之後還會進入光如何幫助我們看見世界的旅程中。

# 能量波

了解光如何作用之前，必須先知道在我們世界中，
光的波譜是如何分佈。

## 波譜

**電磁波譜**是指在一個範圍內的各式輻射。**電磁輻射**是稱為光子的微小能量封包，光子會以波動的模式傳送。光與聲音都是波動的好例子。

所有的波都有**波長**，波長是指一個波峰到下一個波峰間的長度。能量在波中傳送時，波長就會產生變化。波長越短，能量越高。沿著電磁波譜觀察，可以發現隨著波長從長變短，能量會漸漸增加。

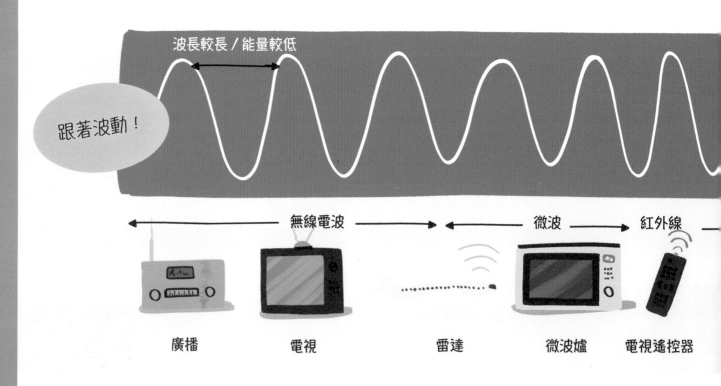

**無線電波**：無線電波的波長最長，大約是1公里長。它們從宇宙中的恆星及氣體中散射出來。你應該也知道這是廣播所使用的波動！這些波動可以長距離傳送，將廣播的聲音傳送到家裡或車上，也能將影像傳送到電視上。這些波動讓我們可以交流通訊。

**微波**：微波的波長要比無線電波短。微波也會應用在通訊上，例如衛星及電話就是使用微波來通訊。你應該也知道這是微波爐所用的波動，不過微波爐所使用的微波波長，要比行動電話的來得短。微波有足夠的能量可以加熱及解凍食物。

**紅外線**：紅外線輻射是種輻射熱。若是在夜晚使用特殊眼鏡或攝影機，就能看到以熱檢測來顯示物體紅外線輻射強度變化的影像。遙控器就是使用紅外線將訊號傳送到電視這類設備上。

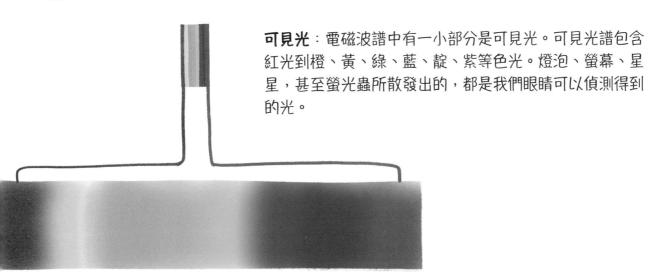

**可見光**：電磁波譜中有一小部分是可見光。可見光譜包含紅光到橙、黃、綠、藍、靛、紫等色光。燈泡、螢幕、星星，甚至螢光蟲所散發出的，都是我們眼睛可以偵測得到的光。

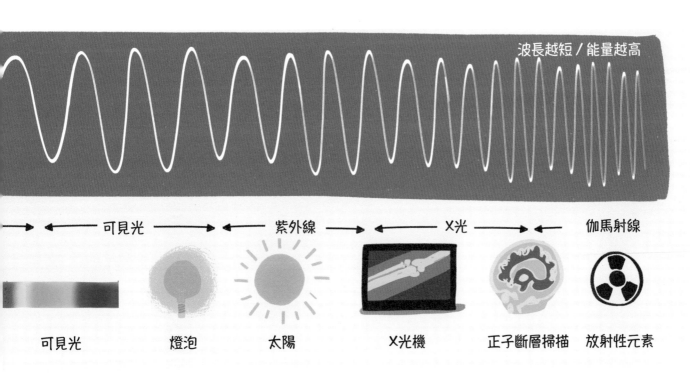

波長越短／能量越高

| ← 可見光 → | ← 紫外線 → | ← X光 → | ← 伽馬射線 |
|---|---|---|---|
| 可見光 | 燈泡　太陽 | X光機　正子斷層掃描 | 放射性元素 |

**紫外線**：太陽會散發出讓我們曬傷的紫外線輻射！宇宙中也有其他物體會發出紫外線。像蜂之類的某些動物，可以看見紫外線。

**X光**：X光可以穿透許多可見光無法穿透的物質。牙醫會用X光來檢查牙齒，而機場人員也會X光來掃描行李箱內部。

**伽馬射線**：伽馬射線所帶有的能量最高。放射物質的原子核分裂時，就會產生伽馬射線。它們具有醫療用途，可用來殺死身體裡面的癌細胞。

# 光的奧秘

光是宇宙的奧秘之一。我們看不見某些光，但光卻能幫助我們看見。
光的速度極快，但幾乎沒有重量。
那麼，光到底是什麼？光又是打哪來的？

## 看見光

可見光是一種我們通常可以看見的能量，讓我們可以看見自己周遭的世界。光以射線的方式直線傳送。光線從物體反射到眼睛時，我們就能看見物體。

## 光源

任何可以發光的物體，都能稱為**光源**。燈泡、手電筒、火、恆星和太陽都是光源。太陽是地球最主要的光源。太陽無時無刻都在發光。若你身在地球面向太陽的這一邊，就會是白天。若沒有陽光，就得尋找其他光源來觀看周圍的情況。

### 物理新鮮事

恆星與太陽發光發熱的方式相同，因為太陽本身也是恆星。不過，月球就不一樣了。月球本身不是光源，我們只能在它反射陽光時，才能看得見它。

## 太陽的親吻

光源以不同的方式發光。燈泡及手電筒運用電力來發光，而太陽則是自然而然地就會發光。太陽與恆星是經由內部的**核融合**反應來產生光。太陽的溫度極高，造成內部的氫原子彼此撞擊。氫原子互相撞擊時就會產生核融合反應，進而造出更大的氦原子，並釋放出巨大的能量！太陽以光和熱的形式向四面八方輻射出能量。從太陽傳送到地球的光，包括了可見光以及看不見的輻射。

## 閃閃發亮

另一種形式的自然光來自生物。**生物螢光**是指動物利用體內化學反應產生的化學能所散發的光。像螢火蟲這類動物所發出的光，不會在發光的同時還發熱，這種形式的光與大多數光源所發出的光不同。有些深海魚類會利用生物螢光在黑暗的深海中誘捕獵物。

# 光的路徑

我們知道光以波動的形式傳送。
我們也知道這些波動如同射線那般以直線移動。
光只在打到物體時會改變路徑,並散射到其他方向。

## ※ 明暗

當物體將光反射進眼睛時,我們就能看見明亮的物體。像鏡子那般光亮平滑的物體,會**反射**它所接收到的大部分光線。深色的固體則會**吸收**它所接收到的大部分光線,所以看起來比較暗。

## ※ 鏡像

鏡子是如此平滑且光亮,以致光會在幾乎沒有任何**扭曲**的情況下,從鏡子上反射出去。這表示反射的影像會非常清晰。池塘是另一種會反射的表面,但水面的漣漪會導致光往不同的方向反射及**散射**。你在池塘中的倒影,會比在鏡子中的影像更加扭曲與搖晃,這是水面的波動所造成。

## ※ 反射

光從平滑表面**反射**時，會以射入物體的同樣角度向外射出。舉例來說，右圖中的光線會以直線行進，直到碰觸到光滑的平面鏡為止。光線接續又以反向的同樣角度反射回來。

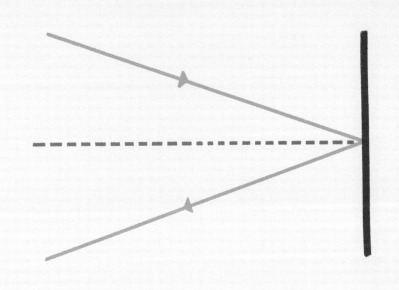

## ※ 折射

光從一種物質穿透到另一種物質時，看起來會像偏折了一樣，這是因為**折射**的關係。就像你在水中跑步的速度會比你在空氣中跑步時慢，光在不同物質中的行進速度也不相同。想一想插入水中的吸管及鉛筆。在水面上的鉛筆看起來很正常，這是因為打到鉛筆後反射到我們眼睛的光線是正常行進的。但光線要到達水面下的鉛筆那裡時，速度會變慢，所以水面下鉛筆看起來就會像是位在不同的地方。

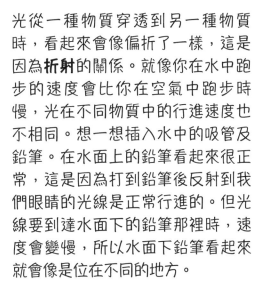

## ※ 只是海市蜃樓

走在沙漠裡的人有時會看到**海市蜃樓**。他們會以為自己眼前有水，事實上他們眼前只有沙漠！這是光玩弄眼睛的把戲。在沙漠的地面上方會有一層非常炙熱的空氣。這層炙熱空氣會折射陽光，將光線向上偏折，並在沙子上反射出天空的景象，造成我們的大腦以為看到的是水！

# 光速

光波在空氣中傳遞的速度，比聲波快100萬倍。
雷聲傳到耳朵的時間，會比眼睛看到閃電的時間來得晚。
煙火的爆破聲與嘶嘶聲，會在看到煙火閃光之後才出現。
事實上，光是宇宙中行進最快速的東西。

## 高速

若是在真空（空無一物的空間，沒有任何東西可以讓光慢下來）中移動，光的傳遞速度幾乎可達每秒3億公尺。這就是**光速**。光速有多快？光從離地球有1億5,000萬公里遠的太陽射到地球只需8分鐘。打個比方來說，如果你跑得跟光一樣快，你一秒鐘就可以繞地球7.5圈。

快速的光！

## 物理新鮮事

由於宇宙中的天體彼此間相距甚遠，所以科學家就想出了用光來作為測量距離的單位。**一光年**是指光行走一年的距離。以這種單位來表示，太陽離地球只有光行走8分鐘的距離而已。

太空梭

光

汽車

## ☀ 這場競速誰會贏?

以下有雷!在真空中的贏家必定是光!光跑得比賽車還要快,也比火箭更快,甚至比射出去的子彈都還要快。太空梭繞地球軌道運轉的速度可達每小時2.8萬公里,而光比太空梭還要快4萬倍。光行進的速度也比高速公路上的汽車還要快1,000萬倍。

## ☀ 萬物都是相對的

因為光行進的速度很快,所以光會以不尋常的方式運作。愛因斯坦在1900年代早期發表了**相對論**,來解釋光的行為。**相對論**中提到物體看起來的模樣,取決於你與物體之間的相對移動。你站在地球上時,光會以預期的方式行進,所以每個東西看起來都很正常。但若是你以近乎光速的速度移動,時間就會變慢。除此之外,理論上來說,如果你的速度快過光(這是不可能的事!),時間就會倒流。

相對來說……

# 影子

光與影子共存，沒有光，就沒有影子！

## 什麼是影子？

簡單來說，**影子**就是沒有光。物體擋住光源就會產生一塊黑色的形狀，這就是影子。物體阻擋光線的程度會有所不同。

**透明**的物體可以被透視，光會直接穿過。舉例來說，光可以穿過透明的玻璃窗，不會產生任何影子。

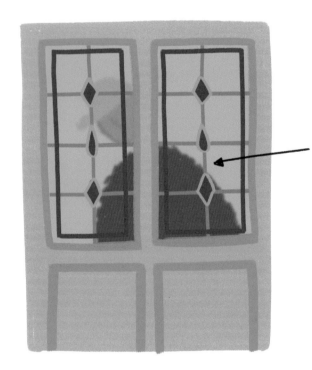

**半透明**的物體只有一部分可以透視，光無法完全穿過物體，有些光會被反射，所以無法看清楚物體。光線可以穿過毛玻璃或彩繪玻璃窗戶，但是你看不清楚另一邊的影像。

**不透明**的物體是光無法穿透的。光會被物體反射回去或是吸收掉。這表示物體會阻擋光線，並在另一邊產生一塊黑色的形狀，也就是影子。

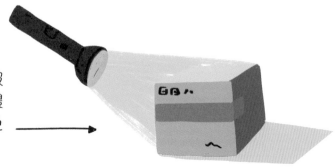

## 影子的形狀

物體阻擋了光線，產生了具有物體形狀的影子。若將一顆蘋果放在手電筒與牆壁之間，牆壁上就會出現一個蘋果形狀的影子。這是因為蘋果阻擋了光線，只讓蘋果外圍的光線直線行進到牆上，所以中間留下了一個黑色的蘋果形狀。

影子的**長度**會因光源的角度不同而有所不同。在物體正上方的光源產生的會是很短的影子。光源越低，所產生的影子越長。想一想你在大太陽下的影子看起來是什麼模樣。正午日正當中時，光線會直直照下來，到達你周圍大部分的地面上，所以你的影子會很短。不過再過幾小時，太陽在天空中的位置就會變得比較低，這個傾斜的角度就會讓你的影子看起來很長！

日正當中的太陽／
影子短

影子的長短

太陽在天空中較低的位置／
影子長

大與小

影子的**大小**也會有差異。若是光源接近物體（例如燈），在另一側所產生的影子就會比較大。這是因為物體太過靠近光源時，會阻擋大部分的光。但若是光源距離物體很遠，物體的影子就會小得多，因為大部分的光都不會被擋住。

# 創造色彩

光不只是我們從太陽看到的那種明亮的光線，
它還包括了各種顏色，為我們的世界增添了色彩。

## 色彩

電磁波譜中有一部分是可見光。可見光由許多顏色所組成，每種顏色都有自己的**波長**。在光譜紅色端的顏色，波長較長；在紫色端的顏色，波長較短。而我們所知的其他顏色則落在兩者之間。

紅外線　　　　　　　　　　　　　　　　　　　　　　　　　　紫外線

## 顏色打哪來？

光從物體上反射，讓我們看見顏色。白色的物體會反射所有照射到它身上的光。所有顏色的光波結合在一起，就會形成我們所看見的白色。白色是所有顏色混合而成。另一方面，黑色的物體會吸收所有的光，不會反射出任何顏色。而黃色的物體則會吸收黃色以外的所有顏色，只將黃色反射到我們的眼睛中。有些顏色還會混合形成不同的色彩。

## 追蹤彩虹

白色的陽光是由彩虹的七彩顏色所組成。陽光打到雨滴上時，光波會偏折，而且偏折的程度還不太一樣。偏折後的光波行進到水滴後側會再反射回來，而這些反射光波在穿出水滴前又會再次偏折，造成不同顏色的光在天空中散開來。藍色光與紫色光的波長較短，代表這些光波具有較多能量，所以折射的角度會比波長較長的光波來得小。當所有顏色的光波都以各自的角度反射到我們的眼睛時，我們就會看到天空中的彩虹。

太陽

白光

水滴

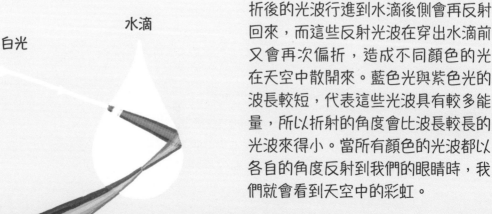

**物理新鮮事**

彩虹上的顏色都是依相同的順序排列（紅、橙、黃、綠、藍、靛、紫），這是因為每種顏色的波長各有不同。

## 為什麼天空是藍色的？

陽光到達地球大氣層時，會打在空氣與塵埃粒子上。這些粒子會讓不同顏色的光產生反射與散射。像藍色與紫色這類具有高能量的短波長顏色，散射的程度最大，並且會反射到我們的眼睛中。人的眼睛對藍色的敏銳度高於紫色，所以我們會看到藍色的天空。日落時，我們會看到光譜另一端的顏色，比如紅色、橙色及黃色，這是因為光線穿過了更多的塵埃與空氣粒子，藍色散射的程度更大，於是其他的顏色就顯現出來了。

# 點亮

來自太陽、星星與蠟燭的光是自然光。
若不想仰賴火焰與陽光來發光,那就得用上電力了。

## 燈泡如何亮起來?

傳統的燈泡內有稱為**燈絲**的電線。打開電燈開關時,電會沿著燈絲傳入燈泡中。電能在那裡會轉換成光與熱,燈絲就會發光。外圍的玻璃燈泡會保護燈絲,阻止它與空氣中的氧結合,避免發生火災。

愛迪生以發明我們今日所知的燈泡而聞名。他測試了數千種不同的材料來製作燈絲。他在1879年使用碳絲來製作燈絲,這種燈絲比他之前所試過的任何材料的發光時間都來得更久。化學元素**鎢**在1910年應用在製作燈絲上,這種燈絲甚至更為耐用。今日許多的燈泡仍使用鎢絲來發光。

## 白熾燈泡

最早的燈泡是**白熾燈泡**,也就是以燈絲發光的燈泡。燈絲會以碳或鎢等材料製成。鎢的熔點高,可以承受大量的熱而不會熔化。不過時間久了,鎢絲會蒸發燒盡。為了減緩這個過程,燈泡中的氧會被抽除,改以不會反應的**惰性氣體**取代,常用的有氮氣或氬氣。鎢絲極為纖細脆弱,必須小心不讓燈泡摔到地上,否則即使外層的玻璃沒破,裡頭的鎢絲也可能會斷掉。這樣一來電路就斷了,燈泡就不會發光了。

##  鹵素燈

在鹵素燈中的燈絲，會有額外的一層保護。小燈泡中會灌滿碘或溴這類鹵素氣體。當電流通過時，會觸發所謂的**鹵素循環**。燈絲中的一些金屬會蒸發，但鹵素氣體會沉積，所以可以重複使用。鹵素燈泡的使用壽命是普通鎢絲燈泡的2倍。

## LED燈

白熾燈泡和鹵素燈泡並不是最**省電**的燈泡。流經這兩種燈泡的大部分能量，都以熱的形式散失。而**LED（發光二極體）**燈則很少會有能量以熱的形式散失。這是因為電流不是沿著燈絲流動，而是流經名為**半導體**的物質。這些燈泡的亮度可能不如其他燈泡，但是它們的使用壽命更長，也更省電。

# 光的作用

一旦知道光如何作用,就知道要怎麼拿它來運用了。
從小巧的照相機到高聳燈塔等等的許多發明,都用到了光的能量。

## 光與透鏡

**透鏡**是能偏折光線,用以縮小、放大或對焦物體影像的曲狀玻璃。光線通過透鏡時會產生**折射**。

凸透鏡

凹透鏡

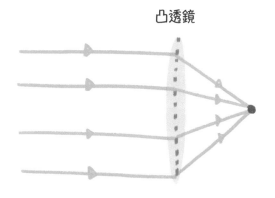
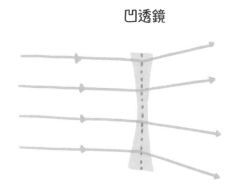

**凸透鏡**的中央比周圍厚。光線直直穿過透鏡時會偏折**聚集**在另一邊的焦點上。

**凹透鏡**的中央比周圍薄。光線穿過凹透鏡時會散開。

## 神奇的顯微鏡

**光學顯微鏡**運用一系列的透鏡,放大微小物體的影像。透過鏡子反射的光線通過物體再進入透鏡中,透鏡就會將物體的影像放大。然後影像還會被目鏡那邊(給眼睛觀看的那一邊)的透鏡再次放大。光學顯微鏡是最常見的顯微鏡,可以將物體放大到原先的2,000倍大!

## 望遠鏡

望遠鏡運作的方式與顯微鏡類似。**折射望遠鏡**使用一系列的透鏡，將遠處物體發出或反射的光線引導偏折到你的眼睛中，讓你看到較大的影像。**反射望遠鏡**則是使用鏡子而非透鏡，來聚集與引導來自宇宙中物體的光。第一個寬面鏡子將影像反射到另一面傾斜的鏡子上，傾斜的鏡子再將光導引到目鏡，並同時放大影像。

## 笑一個

照相機配有**凸透鏡**，可以將光線聚焦到單點上，再由底片或感應器捕捉影像。鏡頭（透鏡）經由改變它與物體之間的距離來對焦，盡可能地獲得清晰的影像。

## 照亮航道

燈塔設計巧妙地運用了光學。燈塔配有大型的**菲涅爾透鏡**，可將光線聚集成小範圍的光束。菲涅爾透鏡是由層層包覆的一連串**同心環**所組成。每個環都有一個透鏡可將後方光源的光偏折。來自光源的光線會向四面八方散出，但是當光線打到同心透鏡時，所有的光線就會以平行直線射出，成為一道導引的光束。

# 光讓我們看見

光在地球上最重要的作用，大概就是讓我們能夠看見。
眼睛作用的方式與照相機類似，它會先取得周遭世界的影像，再交由大腦處理。

## 👁 眼睛如何能看見？

跟照像機一樣，眼睛也有**水晶體**可以聚焦。你看著前方的物體，這個物體可能自己會發光（例如螢幕），或是會反射其他光源的光（例如檯燈下的一本書，或是在太陽照射下的一棵樹）。從物體發出或是反射的光，經由瞳孔進入你的眼睛。光線穿過如**凸透鏡**般的水晶體，將光線偏折聚焦到眼睛後方的**視網膜**上。在這裡形成的影像是上下顛倒的。細胞將這個影像經由視神經傳送到大腦，再校正回來。

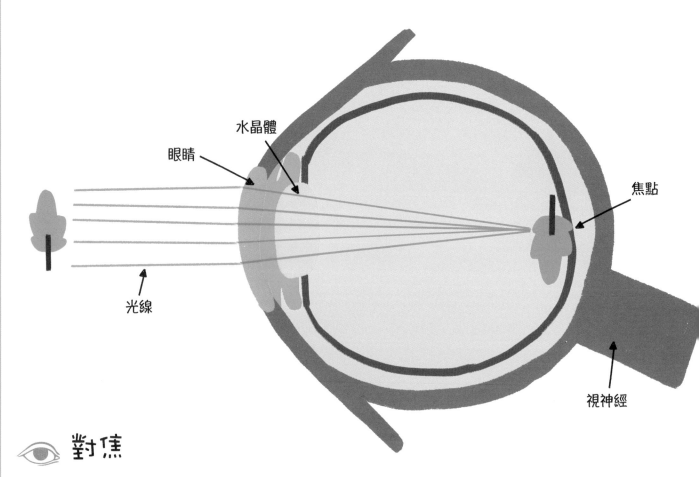

眼睛

水晶體

光線

焦點

視神經

## 👁 對焦

水晶體上的微小**肌肉**可以收縮或放鬆水晶體，讓光以更能對焦的角度折射，呈現出更清晰的影像。當物體接近眼睛時，物體的光線會更加分散。水晶體會擠壓成厚片狀，好將光線大幅偏折。相反的，當物體的距離遙遠時，物體的光線幾乎是平行進入眼睛。這時水晶體就會放鬆，因為不需要大幅度地偏折光線。

## 物理新鮮事

眼睛裡的水晶體每秒鐘都會多次改變形狀,所以它可以毫不遲疑地從聚焦在眼前的手上,立即切換到凝視遠在宇宙中的月球。

## 小小的幫助

有時呈現在視網膜上的影像會模糊不清。這可能是眼球太短或太長,或是水晶體的肌肉無法適度調節聚焦光線所造成。隨著年紀增長,肌肉調節的能力會變弱,所以視力通常會變差。**眼鏡**可以協助矯正視力。鏡片經過精心設計,可與人眼中的水晶體互相配合,提供清晰的影像。若是有人看不清楚近物(也就是遠視或老花),**凸透鏡**型眼鏡可以在光線到達眼睛之前,先行匯聚光線(也就是近視)。若是有人看不清楚遠處的物體,**凹透鏡**則可以在光線到達眼睛之前,先行將光線分散。

40     50     60     70     80

2

4

# Chapter 4

# 聲音

無論是在閃電出現一會兒後才聽得見的雷聲，
或是傳到你耳中的吉他弦聲，
還是耳語及叫喊，這些全都是聲音。

**聲學**是研究聲音及其特性的科學。
聲音為何可大可小？可高可低？
聲音的速度有多快？我們怎麼聽得見？
我們如何以新穎且有用的方式來運用聲音？
在你閱讀充滿聲音的這個章節時，
也別忘記仔細聆聽周遭的世界。

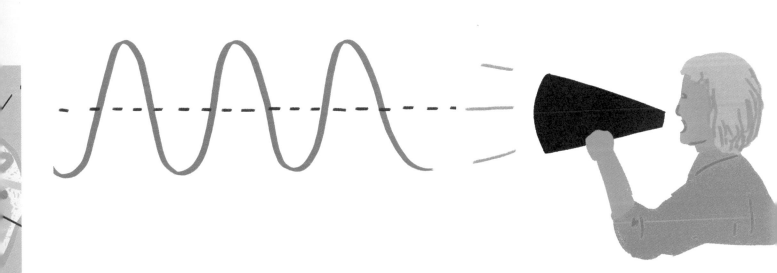

# 聲波

若是在太空中大叫，沒有人聽得到。
但若是在地球上大叫，整間房子裡的人都會被吵醒！
這跟聲音如何傳遞有關。

## ∿ 什麼是聲音？

**聲音**是來自**振動**（物體前後擺動）的能量。聲音形成時，振動的物體會使得它周遭的空氣振動，產生**聲波**。聲波展現了氣壓變化的模式。聲波一路經由空氣傳送到耳朵中的**鼓膜**。鼓膜振動並向大腦傳送訊息，好讓我們**聽見**聲音。

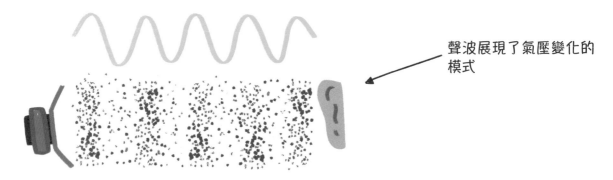

聲波展現了氣壓變化的模式

樂手家彈奏吉他時，吉他的弦會振動。這些振動造成周圍空氣振動，聲波就會傳到耳朵中。然後大腦就會辨認出這是音樂！

聲波在傳送過程中會流失能量，所以聲音在一路上會變得越來越小。有時我們會看到聲音的來源在振動，比如顫動的吉他弦，但大多數時候，我們根本看不到振動，只會聽到聲音。

搖滾吧！

## ⅏ 傳送方式

聲波需要經由某種**介質**來傳送，介質中的粒子會因為聲波而振動。聲波可經由氣體（例如空氣）、液體（例如水）及固體（例如木材或金屬）來傳送……但在太空這種空無一物的真空中就無法傳送。太空中沒有空氣粒子，所以沒有任何東西可以讓聲音振動與傳送。

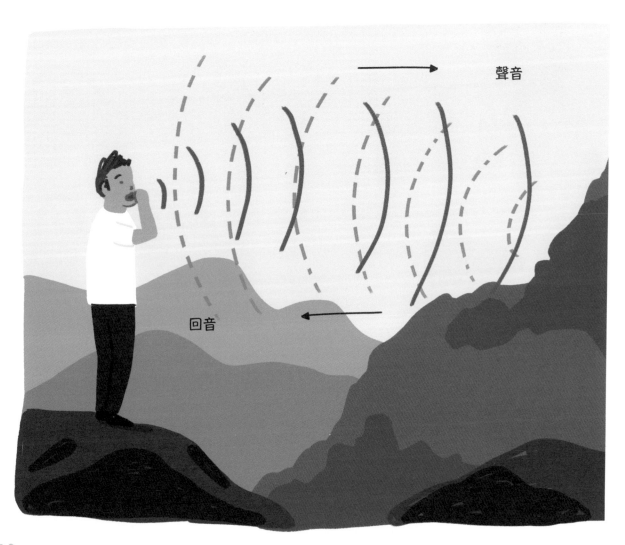

聲音

回音

## ⅏ 回音啊！回音

聲波就像光波一樣，可以被**反射**，也可以被**吸收**。若是聲波打到像坐墊這類柔軟的表面，它會被吸收，聲音就會消失。但若是聲波打到平滑堅硬的物體，部分聲波就會回彈，這就是**回音**。從平面反射回來的聲波，帶著聲音以反方向行進，在原始聲音產生的些許時間後，將重複的聲音帶回你的耳朵。若是身處在隧道中，還有別的堅硬平面，那麼聲音還會再度反射。回音啊，回音啊！在山洞與群山中這類有許多堅硬平面的地方，很容易就能聽到陣陣回音。

# 音量大小

音量可以是幾乎聽不見的輕微聲音，
或是大到你得摀住耳朵的巨大聲響！
音量會有這麼大的差異是因為**能量**不同。

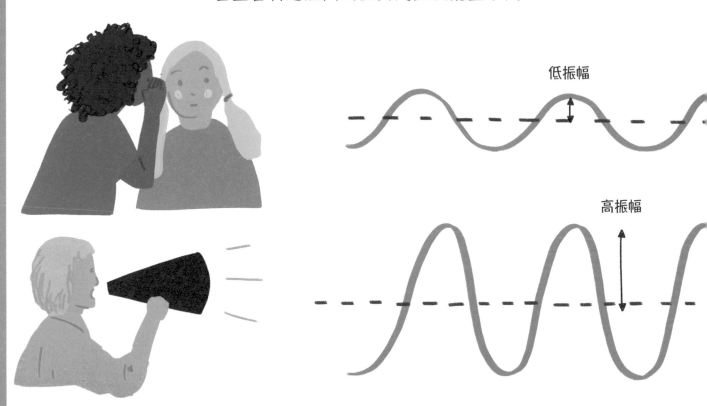

低振幅

高振幅

## 什麼是音量？

音量就是指聲音的大小。我們知道聲音是會擾動空氣、以振波形式傳送的能量。振動越大且越強烈，所帶有的能量就越多，聲音就會越大聲！較大的聲波會更用力地振動鼓膜，而較小較弱的聲波所帶有的能量較少，進到耳朵中時的振動就沒那麼大，所以產生的聲音就比較小。當你對朋友耳語時，聲音會很微弱。但當你大叫時，振動較大且能量也比較多，所以聲音就會響亮許多。

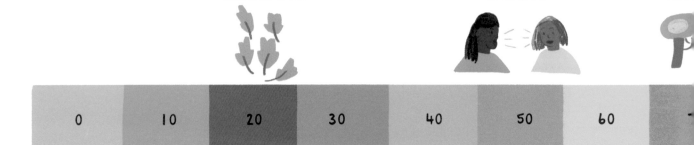

樹葉的沙沙聲　　　　　　　　　正常聊天　　　　吹風

| 0 | 10 | 20 | 30 | 40 | 50 | 60 |
|---|----|----|----|----|----|----|

## 🔊 放大音量

波的高度稱為**振幅**。從聲波平衡位置到最高點所測出的距離就是振幅。若仔細查看高振幅的波,就會發現比起低振幅的波,高振幅的波會有比較高的波峰(波的高點),以及比較低的波谷(波的低點)。具有更多能量的聲音會產生較大的振幅。波越高,振幅越大,聲音就越響亮。

## 🔊 測量分貝

聲音的能量以**分貝**計算。分貝越高,聲音就越大。有些噪音大到會傷害耳朵及聽力。接近分貝表高點的150分貝,是人耳可承受的絕對極限。但即使低於150分貝,還是可能造成聽力受損。這取決於你離音源有多近,以及你暴露在噪音中的時間有多長。

我們可使用特殊器材來測量音量,以確認某個聲音是否符合安全標準。這種器材可以用來確認搖滾演唱會對觀眾來說是否音量會過大,甚至可以用來確認使用耳機的安全音量是多少。

### 物理新鮮事

歷史記載最大的聲音之一,是1883年印尼的喀拉喀托火山爆發聲。據估計,當時的爆發聲高達180分貝,大到連5,000公里外都聽得到。

路上卡車

飛機引擎聲

近處的煙火或爆炸聲

| 80 | 90 | 100 | 110 | 120 | 130 | 140 | 150 | 分貝 |

# 完美的音調

聲音不只有音量大小上的不同,也有音調上的不同。
聲音的音調可以高到或是低到連人耳都偵測不到的程度。

##  什麼是音調?

音調是指聲音的高低。物體振動製造出聲音時,能以不同的速度振動。若一個物體的振動速度較快,就會產生高音。若一個物體的振動速度較慢,就會產生低音。

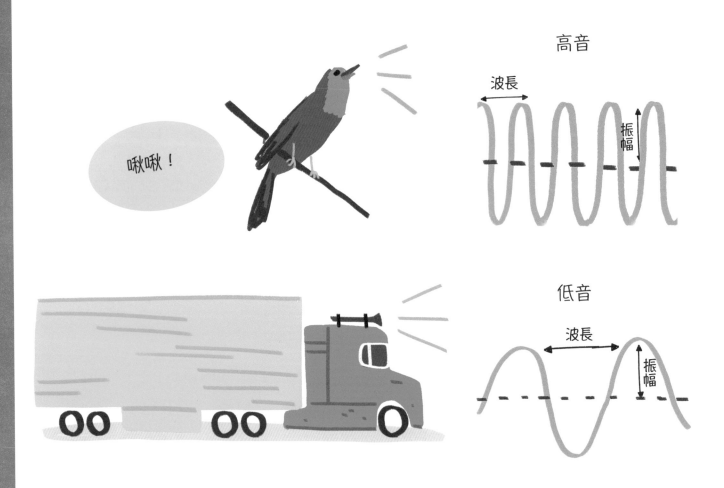

啾啾!

高音

波長

振幅

低音

波長

振幅

##  不同的波長

每個聲音都有自己的**波長**。波長指的是兩個波峰之間的距離。高音的波長較短,所以波與波之間靠得很近。低音的波長較長,所以波就比較分散。鳥在啾啾叫時會製造出振動快速的聲音,其波長短且緊密,聲音也就會比較高。而卡車喇叭的聲波傳得較慢,其波峰與波峰相距較遠,波長較長,所以發出的聲音就會緩慢且低沉。叭!

## ◎ 尋找頻率

音調是以**頻率**來測量，頻率就是每秒所產生的聲波數量，單位是赫茲（Hz）。波與波之間靠得比較緊密時，在同樣時間中所產生的波數就會比波與波之間距離較遠時來得多。所以短波長的聲音會具有**高頻率**及高音調。而波長較長的聲音，則具有**低頻率**及低音調。

無線電廣播就是運用頻率來提供不同的廣播電台。每個電台有不同的頻率，例如：93.9或100.1，這是電台的**波段**。電台使用各自的頻率來廣播訊號，讓你收聽。

打開收音機！

## ◎ 超出範圍

有些聲音高到或低到我們的耳朵偵測不到。高到人耳聽不到的聲音稱為**超音波**。低到人耳聽不到的聲音則稱為**超低頻音**。有些動物可以聽到人類聽不見的聲音。舉例來說，狗的耳朵對高頻的聲音比較敏感。特製的狗哨可以讓狗跑起來，但狗主人卻完全聽不見哨音！

# 人類的聽力

人耳內有許多塑形完美且可以偵測聲波的小小結構。

##  我們如何能聽見？

物體產生聲音時，聲波就會從這個物體中傳出。我們知道振動會進入耳朵，傳送訊號到大腦去解讀成聲音。

在傳送振動的過程中有許多重要的階段。

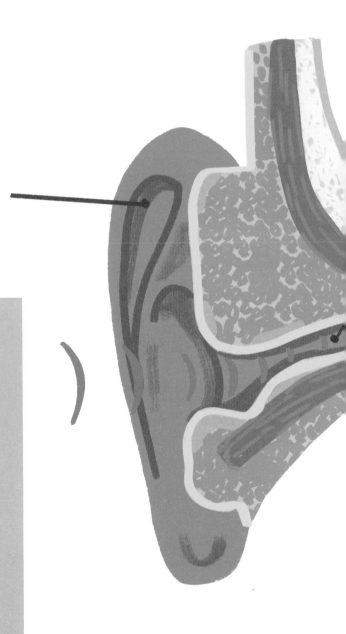

1. 形狀有趣的外耳**耳廓**就像漏斗一樣，將聲音引導入內。

2. 聲波沿著管狀**耳道**傳入。

3. 然後聲波接觸到薄薄的**耳膜**。聲波打到耳膜時會造成耳膜振動。

4. 耳膜振動造成**三小聽骨**振動。

5. 三小聽骨來回振動，對另一個稱為**卵圓窗**的薄膜產生推拉。

6. 內耳管深處的液體開始振動。**耳蝸**中的纖毛接收到液體的振動，並傳送訊號至大腦去解讀聲音。

連鎖反應！

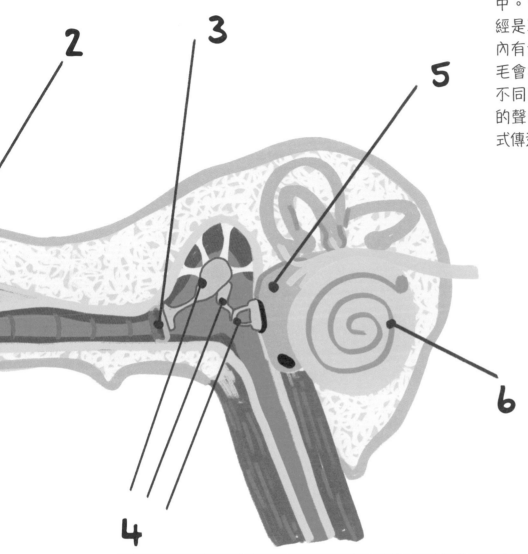

2

3

5

6

4

 精巧的耳蝸

振動在各種管道及薄膜傳送的途中，會變得越來越集中。當聲音傳到耳蝸時，已經是耳朵外的20倍強，耳蝸內有大約15,000根的細小纖毛會接收到液體中的振動。不同的纖毛細胞會接收不同的聲音，再一起將振動的模式傳送到大腦。

 助聽器

有時耳朵無法正常將聲音傳送到大腦。有人可能是因為耳膜破裂而無法正確傳送振動，或是耳內有太多液體或某些骨質增生，破壞了振動的傳送。有時則是嬰兒的耳朵沒有正常發展。若是有人需要聽力協助，可以使用**助聽器**。助聽器經由加大音量來**放大**聲音。助聽器中的微型麥克風可以偵測人周圍的聲音，再將聲音轉換成數位訊號。接著以放大器加強訊號強度，然後再經由擴音器將訊號傳到耳中。每副助聽器都是量身訂做，會調整到適合使用者的音量。

# 音速

聲音在不同介質中的傳播速度並不相同。
音速比光速慢，有些飛機的飛行速度甚至可以超越音速。
那麼，音速到底有多快？

## ⚡ 什麼是音速？

聲音是由粒子振動所產生。科學家會測量粒子振動的速度，以便確認**聲音的速度**。音速會因風勢與溫度不同而有所差異，但在正常情況下，音速大約是每秒340公尺。這表示如果你叫了一聲，站在340公尺外的人大概1秒後會聽到，340公尺相當於40輛公車頭尾相接的長度。

戰鬥機——670公尺／秒

聲音——340公尺／秒

有多快？

在同樣一秒內，噴射機可飛過2倍音速的距離，所以在大氣中，噴射機幾乎是音速的2倍快。不過音速跑得還是比世界上最快的車子及陸地動物都還要快。

汽車——134公尺／秒

獵豹——31公尺／秒

## ⚡ 快一點，再快一點

聲音在水中傳播的速度比在空氣中還快，而且還快上許多！聲音在水中行進的速度大約是每秒1,493公尺，大概是在空氣中的4倍快。之所以會這樣，是因為聲音是在粒子之間傳播。像水這類**液體**中的粒子之間的距離，會比空氣這類**氣體**的粒子之間的距離要來得緊密，所以聲音可以快速從一個粒子傳往下一個粒子。而像金屬之類的**固體**中的粒子之間的距離，又比液體粒子更為緊密，所以聲音在固體中傳遞的速度，甚至比液體中還要快。舉例來說，聲音在鋼中的傳播速度可以高達每秒5,130公尺，是在空氣中的15倍快！

## ⚡ 是遠還是近

科學家使用麥克風來測量音速。他們將兩個麥克風分別放在距音源有段距離的地方。科學家量測出聲音傳到兩個麥克風的時間,再利用兩者的時間差,計算出音速。

你也可以利用聲音來判斷閃電離你有多遠,以及暴風雨是在接近還是遠離中。計算每次看到閃電與聽到雷聲的時間差,若兩者之間的時間差越來越短,就表示暴風雨正在接近。若是兩者之間的時間差越來越長,就表示暴風雨正在遠離。不過無論暴風雨是遠是近,記得都要待在室內才安全!

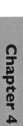

# 飆到超音速

有些物體在空氣中的行進速度可以超越音速。
這些物體超越音速時，會產生令人難以置信的衝擊波與聲音。

 ## 快過音速

聲音粒子在一般空氣中的行進速度是每秒340公尺，也就是**1馬赫**。若某個
物體可以快過1馬赫，就稱為**超音速**，也就是它移動得比音速更快。

轟！

 ## 音爆

噴射機飛行時，引擎產生的聲波會朝四面八方
散出。而噴射機移動得比聲音粒子還要快，最
終會追過粒子到達粒子的前方。噴射機追上自
己聲波的同時，也會擠壓這些聲波，於是就產
生了稱為**音爆**的巨大聲響。若你剛好站在地面
上，可能會覺得那聲音有點像是閃電快速從你
身邊掠過所產生的響亮聲音。

## 衝擊波

**衝擊波**是某個物體超過音速時所發生的壓力劇變。我們可以看見它形成錐狀雲。飛機接近超音速時，會將機身前方的空氣粒子擠壓得更緊密。而機身後方的粒子則會擴散開來，溫度也會降低。由於溫度降低，大氣中的水也會凝結成水滴。這些水滴會在噴射機後方蒸發擴散成錐狀，最終隨著空氣粒子恢復正常，錐狀雲也就消失了。

 ## 太吵了！

可以超音速飛行的飛機通常都是戰鬥機。載著你四處旅遊的多數商用客機都無法超音速飛行，所以你不會聽到音爆。不過，私人噴射機倒是飛得越來越快，但它們還是受到1馬赫的音速限制。音爆被認為會對環境造成過大的噪音衝擊，所以科學家與工程師正在努力尋找消除音爆的方法。

## 物理新鮮事

協和號是第一台可以超音速飛行的商用客機。它的速度可以達到2馬赫，也就是2倍的音速。協和號從1970年代開始營運，不過由於營運成本過高且噪音太大，而於2003年停止營運。

# 演奏音樂

用指甲刮擦黑板的聲音，可能會讓你感到毛骨悚然。
附近警報器的聲響，也可能會讓你忍不住想摀住耳朵！
不過音樂就不一樣了，那是種讓人感到愉悅的聲音。

 ## 什麼是音樂？

音樂來自結合起來會讓人感到悅耳的聲音。音樂的力量非常強大，能使人聽到時會不由自主地想起舞、微笑，甚至哭泣。音樂由各種**樂器**所創造的聲音振動所產生。這些聲音的序列與模式傳到人耳中，大腦就會將它們解讀為**音樂**。

 ## 音符

許多樂器都可以調出不同頻率的**音調**。例如吉他上的每根弦經過不同調整，可以產生從高到低各種頻率的音調。這些就形成了樂譜上的**音符**。不同的樂器只要能產生同樣的頻率，就可以演奏同樣的音，不過樂器在類型與形狀上的差異，會使得不同樂器所創造出的聲波有所不同，所以聲音聽起來就會不一樣。舉例來說，像大提琴這類大型樂器往往會產生響亮的低音，而像短笛這種小巧的樂器就只能吹奏出比較高頻率的音了。

## 管樂器

**管樂器**是透過空氣本身的振動產生音樂。演奏者對著樂器吹氣，造成樂器內部的空氣振動（例如長笛或直笛），或是吹過樂器上小簧片以產生振動（例如單簧管或雙簧管）。按住或鬆開樂器上的按鍵，可以打開不同的孔洞讓空氣排出。封住不同的孔洞，就可以產生不同的音調及音。

80

## 打擊樂器

**打擊樂器**是用手或棒子敲打的樂器，例如：鈴鐺、三角鐵及鐵琴。鼓的表面覆蓋著一層緊繃的鼓皮，這層鼓皮受到敲打時，會上下振動而產生聲音。鈴鐺或鐵琴由金屬製成，這些金屬可以讓周圍的空氣產生振動與流動。

## 弦樂器

吉他、大小提琴與豎琴等樂器，就是所謂的**弦樂器**。這些樂器上的琴弦會被拉緊，並經由略微調鬆或調緊的方式來調整至特定頻率。較粗的琴弦會產生較低的音，較細的琴弦則會產生較高的音。撥動吉他弦或是用琴弓拉動小提琴弦時，弦就會產生振動。這股聲音會進入樂器的**音孔**中產生回音，再向外傳送到你的耳朵中。

# 都卜勒效應

波在移動的過程中會發生改變。
波可以聚集在物體周圍，也可以分散開來。
上述事實對於聲音以及有關浩瀚宇宙的知識，都有著驚人的影響。

## 什麼是都卜勒效應？

**都卜勒效應**是指，聲波或光波的頻率變化，取決於聲音或光與接收者之間的相對位置及運動。舉例來說，當有台閃著警示燈的救護車從你身旁呼嘯而過時，你會聽到鳴笛聲。救護車在接近你時，聲音聽起來會很尖銳，不過一旦車子走遠，聲音就變得低沉。為何會如此的原因，與警笛的聲波有關。當救護車接近你時，聲波會聚集在一起，就像鴨子向前游時，位在鴨子前方的水波一樣。這造成警笛聲波的波長較短且音調變高。但是當救護車離去時，位在車子後方的警笛聲波被拉長了，所以波長變長，聲音就變低了。

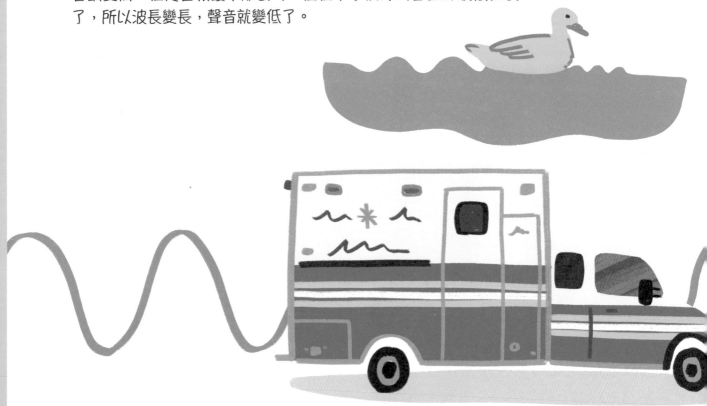

## 火車上的喇叭聲

科學家於1845年在蒸氣火車上測試都卜勒效應。樂手在火車上吹奏喇叭，並在火車經過車站時持續吹同一個音。站在月台上的觀察員測量喇叭聲的音調，果然發現到火車一通過車站，音調就變低了。

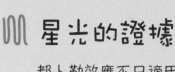

## 星光的證據

都卜勒效應不只適用於聲音，也適用於光線。光的都卜勒效應，可以經由陰影變化來觀察。天體接近地球時，其光波較短，看起來會偏藍。天體遠離地球時，由於光波變長，所以看起來會比較紅。這就是所謂的**紅移**。科學家使用特殊望遠鏡觀看宇宙時，會發現多數天體都呈現紅色而非藍色。這在在都顯示，這些天體以及它們所在的星系都正在遠離我們。這正是宇宙一直在膨脹的證據。

## 物理新鮮事

都卜勒效應取名自物理學家都卜勒。都卜勒於1803年生於奧地利，他從事數學、物理學與天文學的研究。他對恆星為何會有不同的顏色非常感興趣，並於1842年發現了都卜勒效應。

## 今日的應用

都卜勒效應被發現後，就不停被應用在各種領域上。1940年代製造出的都卜勒雷達，能將都卜勒效應的偏移納入考量，有助於更精準解析與預測風暴位置之類的天氣狀況。1999年，天文學家發現天體所在位置，比他們原先所想得還要遠。這表示宇宙不只正在膨脹，而且膨脹得越來越快！

# 聲音的作用

我們的世界中，處處都有聲音。
了解聲音如何傳遞且速度有多快，對於發展重大科技很有幫助。
野生動物也會運用聲音。

## ◎ 聲納

船隻與潛水艇可以利用聲音在海洋中測量深度與距離。有一種名為「聲納」的探測器會送出聲波。聲波在水中傳送，碰觸到海底或冰山之類的其他物體後會反彈形成回音，傳回探測器。經由測量回音傳回的時間長短，就能知道物體或海底的距離有多遠。在又深又暗的水中很難看見冰山，所以利用聲音來探測可避免潛水艇遇難。

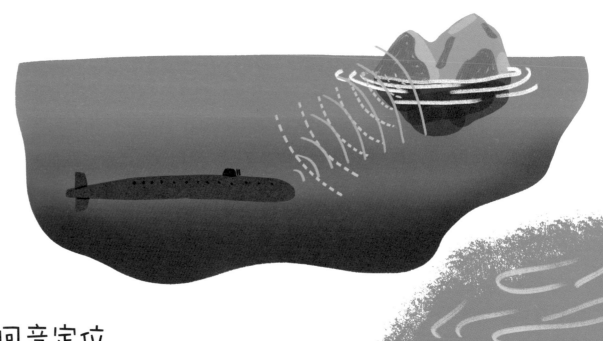

## ◎ 回音定位

海豚、鯨魚與蝙蝠這類動物，也會使用類似的系統來尋找獵物。這些在黑暗中或深海中覓食的動物，難以透過視覺看到眼前的獵物，所以轉而依賴聽覺。這些動物會發出一連串尖銳的卡嗒聲，這些聲波在碰觸到魚或昆蟲等獵物時會反彈形成回音，傳回海豚或蝙蝠非常敏銳的耳朵中。牠們聽到回音就能確定獵物的位置，然後猛撲過去。

## 超音波

**超音波**是種音調高的聲音，高到人耳無法偵測到。我們不用超音波來聽東西，而是用它來「看」東西。醫學檢查就是常見的超音波應用。醫生將超音波送入孕婦體內，檢查胎兒的發育情況。超音波從位於體內的胎兒身上反射，回傳到接收器上。這些聲波整合後，會在電腦螢幕上呈現出影像。你好啊，寶寶！

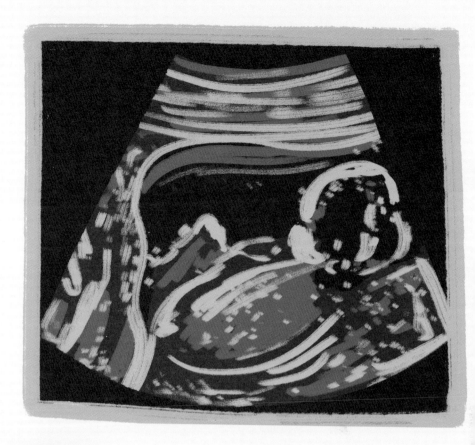

快跑啊！

## 物理新鮮事

除了發出聲音來偵測位置與獵物之外，鯨魚還會用唱歌的方式來交流與求偶，鯨魚所發出的低音可以在水中遠距傳播。

# 太空之旅

我們知道宇宙中充滿了眾多天體，
像是屬於恆星的太陽、屬於行星的地球，以及屬於衛星的月球……
但它們是怎麼產生的？宇宙從何而來？
我們的太陽系又為何會在這裡？
我們將在這個章節中，
探索宇宙的物理學。

**天體物理學**研究宇宙中的天體與相關現象，
也研究物理定律與理論如何能夠解釋我們的宇宙。
其中的內容包括了運行軌道、潮汐、季節，甚至是太空旅行。
繫好你的安全帶，準備來趟絕妙的旅程吧！

# 一切都從大霹靂開始

一切都從一場爆炸開始，大霹靂創造出宇宙本身。
從那時起，我們所知的能量、物質、恆星、行星與世界，終於現身。

##  神奇的時刻

137億年前，在不到1秒的時間內，我們所說的**大霹靂**創造出了宇宙。時空突然現身，並以驚人的速度膨脹。一個微小的點爆炸了，自此以後它就不停在膨脹。當時的那一刻，創造出宇宙中存在的所有能量與物質。

##  宇宙時間表

一開始，宇宙非常密實，也非常炙熱。

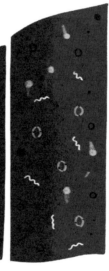
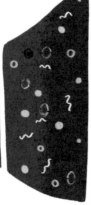
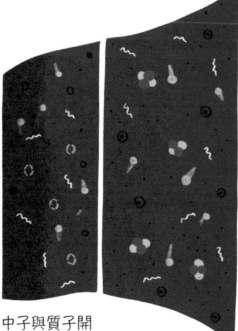

宇宙在第一秒內，從一個極其微小的點，擴張到比城市還要大的規模。它以相對緩慢的速度持續膨脹。

爆炸的能量創造出**物質**。

中子與質子開始成形。宇宙那時仍太過炙熱，因此原子還無法出現，不過有些組成元件已經存在。

38萬年後，宇宙冷卻到可以讓**原子**形成。電子加入中子與質子的行列。宇宙變成了一團由氣體所組成的旋轉雲。

大約在1億至1.5億年後，首批**恆星**成形。重力將氣體聚集在特別密集的區域中。

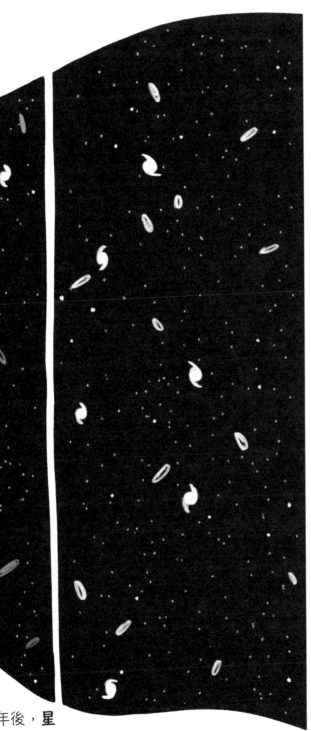

## 勒梅特與哈伯

第一個提出大霹靂的人士，是比利時的天文學家喬治·勒梅特。他在1927年提出宇宙膨脹的見解。4年後，他繼續提出宇宙是從一個他稱為「宇宙蛋」的微小點開始的。1929年，美國天文學家愛德華·哈伯發現星系正在遠離我們。這支持了勒梅特所提出的膨脹理論。這些想法最初受到許多抵制，但他們的理論在幾十年後被證實是正確的。

## 一直都存在的證據

大霹靂當時所產生的輻射，至今仍然存在於宇宙中。科學家使用特殊的望遠鏡可以看到這種宇宙微波背景輻射，這更加證明了宇宙經歷過從熱到冷、從微小到巨大的歷程。

### 物理新鮮事

「大霹靂」一詞可不是由支持這個理論的人士所提出，而是出自反對這個理論的人士之手。英國天體物理學家弗萊德·霍伊爾在1949年說：「我一點兒也不滿意這個什麼大霹靂的概念……」結果後來大家就都使用這個詞了！

在幾億年後，星系形成。重力將成群的天體聚集在一起，形成旋轉的星團。

今日的宇宙中有星系、恆星、行星、衛星，以及像我們這樣的生物。宇宙仍在膨脹，而且似乎沒有外在極限。

# 我們在宇宙中的居所

太陽系就是指繞著太陽這顆中央恆星運轉的一群行星與其他天體所組成的系統。它已經存在數十億年了。

##  太陽系的誕生

太陽系是在46億年前由一團氣體與塵埃所形成。重力將氣體與塵埃聚集成天體，創造出緻密的核。當氣體原子在力的作用下越來越緊密結合時，溫度與壓力就會增加，直到氫原子核相互撞擊並**融合**在一起。這個過程會產生氦氣，而這也是今日在太陽內持續發生的過程，太陽在這樣的過程中會釋出許多能量，並持續發熱。

##  太陽的重力

太陽是太陽系中最大的物體。它的重力非常強大，所以會將所有其他物體往它的方向吸引過去。這些物體每一個都以特定的距離，繞著太陽運轉。

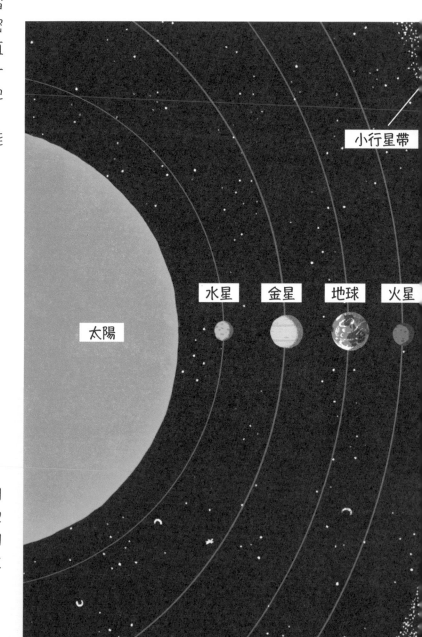

小行星帶

太陽

水星　金星　地球　火星

# 行星的力量

行星繞著太陽運轉時，自身的**重力**也會作用。重力讓行星維持球體，也將它周圍的物體（例如衛星）往自己的方向吸引。

太陽系中有8顆行星。距離太陽比較近的4顆內行星，分別是水星、金星、地球與火星，它們被稱**為岩質行星**，因為主要是由岩石與金屬所構成。它們的密度比太陽系的外行星更高。

外行星密度較低，體積也較大。它們主要是由圍繞著小岩石核的氣體與液體所形成。木星、土星、天王星與海王星這四顆外星行，就是所謂的**氣態行星**。木星與土星被稱為**氣態巨行星**。天王星與海王星則是離太陽最遠的行星，屬於寒冷的**冰巨行星**。

木星　　土星　　天王星　海王星

銀河系

你在這裡

## 🪐 探索星系

宇宙中充滿了數十億或甚至幾兆個星系。每個星系都是因重力而聚集的星群。太陽系屬於**銀河系**。銀河系是個**螺旋星系**，所有的恆星、行星與塵埃都繞著一個中央核心旋轉，這個核心是個質量超大的黑洞。太陽系繞銀河系轉一圈，大約需要2.5億年的時間。

# 燃燒的光芒

當你仰望晴朗的夜空時，會看到滿天閃爍的星星。
事實上，宇宙中充滿了各式各樣、不同類型與年齡的星星（恆星）。

## ⭐ 恆星的定義

恆星是由熱氣所聚集而成的巨大球體，主要是由氦氣與氫氣所組成，並經由重力聚集在一起。就像太陽一樣（太陽也是恆星），恆星會在**核融合**的過程中燃燒及發光。在這過程中會釋放出大量的熱能與光能。

## ⭐ 恆星的一生

大多數的恆星誕生在稱為**星雲**的緻密氣體塵埃雲中。大片星雲在塌陷的過程中，會分裂成許多小星雲，這些小星雲的核心會吸引物質聚合，逐漸收縮成一個個的球體，並在過程中持續增溫。當核心溫度達到攝氏1,000萬度時，就會產生核融合反應，一顆恆星就此誕生。

**主序星**：宇宙中大多數的恆星都是主序星。主序星會將氫氣轉化成氦氣，並釋出能量。我們的太陽也是主序星。有些主序星比其他的更大、更亮或更熱。這些恆星之以能夠維持自身的形狀，是因為力的完美平衡。重力會往內拉，同時核融合所產生的力量則會向外推。

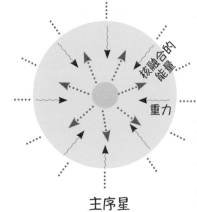

主序星

**紅巨星**：一顆質量跟太陽差不多的恆星在核心處的氫氣開始耗盡時，就會變成紅巨星。這些恆星釋出的熱能不像之前那麼多，所以溫度會比主序星低，因此呈現紅色。

**白矮星**：紅巨星最終會停止核融合反應，核心處塌陷到整個星球只剩下一個微小緻密的熱點，發出仍可持續數十億年的微弱光芒。

**超巨星**：超巨星是宇宙中最大的一種恆星。超巨星可以快速燃燒自身的氫氣，產生出比太陽大100萬倍的能量。以恆星來說，超巨星燃燒得很快，只需幾百萬年的時間就會燃燒殆盡。

**超新星**：超巨星燃燒殆盡時不會收縮成白矮星，而是會爆炸！恆星的核心處會瞬間塌陷並加熱，並造成爆炸，將恆星的外殼衝擊到太空中。然後內部的核心會變成小型的中子星或黑洞。

## ⭐ 為什麼星星（恆星）會閃爍？

恆星會向外散發光芒，不過因為它們距離地球非常遙遠，所以當光束到達地球時已經非常細小。光束撞擊到充滿氣流的地球大氣層後會產生偏折。我們會覺得這是星星在閃爍，其實不是。行星離地球比較近，所以它們發光的情況比較穩定。也因為它們不會閃爍，所以比較容易在夜空中辨認出來。

# 陽光普照

沒有太陽，我們的太陽系就不會存在。
太陽讓其他所有行星能夠保持在固定的位置，
也賦予地球恰到好處的溫暖，讓生物可以在地球上生存。

## 太陽如何形成？

太陽是一顆主序星，一顆會發光發熱的旋轉氣體球，經由**核融合**的過程持續進行燃燒。這個過程以熱與光的形式釋放能量。太陽的能量可以傳送到太陽系的8顆行星上。能量到達外行星時會減弱許多，所以外行星會比4顆內行星寒冷且黑暗。太陽光由多種**電磁輻射**混合形成。包括：可見光、紅外線（會讓我們感受到熱）與紫外線。保護我們免於受到任何有害輻射傷害的主要就是地球大氣層，另外還有防曬乳！

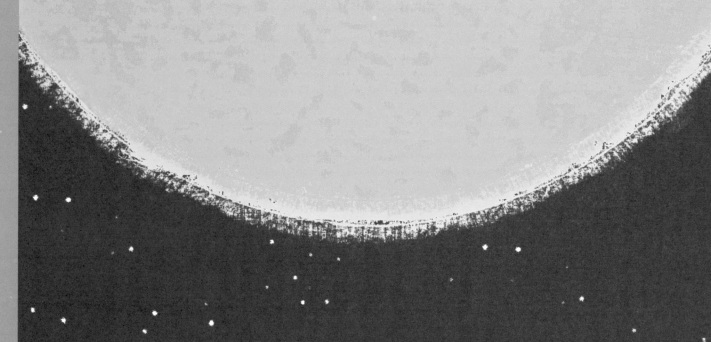

### 物理新鮮事

太陽核心的溫度大約是攝氏1,500萬度。光是太陽表面的溫度，就足以使鑽石氣化！

## 來自太陽的力

太陽是目前為止太陽系中最大的物體。事實上,太陽佔了整個太陽系99%以上的質量。太陽內部足以容納100萬顆的地球!因為太陽的質量極為巨大,所以太陽的**重力**也非常強大。它讓太陽得以維持球體形狀,也將太陽系裡的每個天體都維持在繞著太陽運轉的軌道上,其中包括了8顆行星、至少5顆的矮行星、數千顆的小行星,以及數兆顆彗星和冰塊。

太陽也會產生**磁力**,因為太陽內部的電流會形成磁場。磁力透過太陽風遍及太陽系(太陽風是一種從太陽往四面八方吹出的帶電氣體粒子流)。太陽風在太空中的傳播速度極快。還好地球周圍有自己的磁場,可以讓太陽風轉向遠離地球。

太陽具有
磁力!

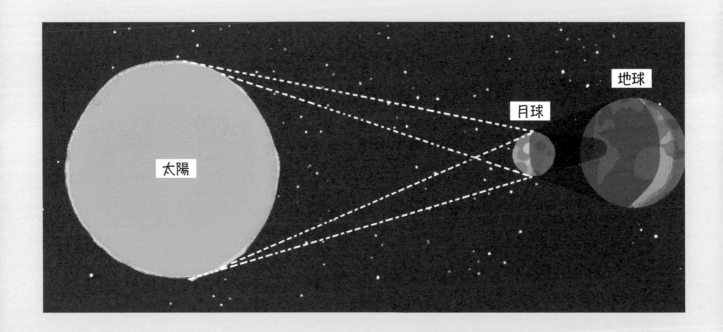

太陽

月球

地球

 ## 日蝕

地球會繞著太陽公轉,而同時月球也會繞著地球轉動。月球有時會移動到地球與太陽之間,並擋住陽光,造成所謂的日蝕。在**日全蝕**期間,可以看到太陽外圍在發光,也就是所謂的**日冕**。**請注意!**太陽的亮度可能會灼傷眼睛,所以切勿直視太陽或日蝕!

# 我們的地球家園

身為岩質行星的地球，
是距離太陽第三近的行星，大約相距1.5億公里遠。
地球是目前人類所知唯一擁有生命的行星。

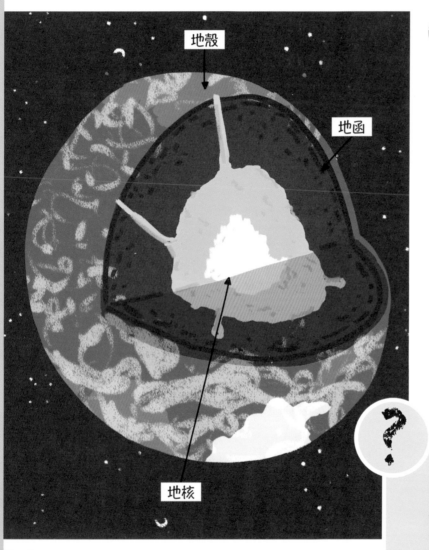

地殼

地函

地核

 ## 地球如何形成？

地球於46億年前在太陽系中形成。氣體與塵埃因重力而聚集在一起，形成球體。緻密的物質聚集在**地核**，因為緊密結合而形成一顆熾熱的固態球體。地球內核的溫度，幾乎跟太陽表面一樣高。較輕的物質則形成外層的岩石**地殼**。在地殼與地核之間，還有一層厚厚的的**地函**，地函是由半液態的炙熱岩漿所構成。

**?**

## 物理新鮮事

在整個宇宙中，我們目前所知的生命，都只存在於地球外圍這層薄薄的岩石地殼上。

 ## 旋轉

地球繞著自身的**轉軸**旋轉，這條轉軸是一條從地球北極貫穿到南極的假想線。地球每24小時會完整繞軸自轉一圈，這就是**一天**。地球的自轉創造出白天與黑夜。面向太陽的區域是白天，背對太陽的區域是黑夜。

## 軌道

地球在繞軸自轉的同時，也會在太空的**軌道**上繞著太陽移動。繞著太陽完整轉一圈的時間，恰巧比365天再多一點點，差不多就是**一年**的時間。

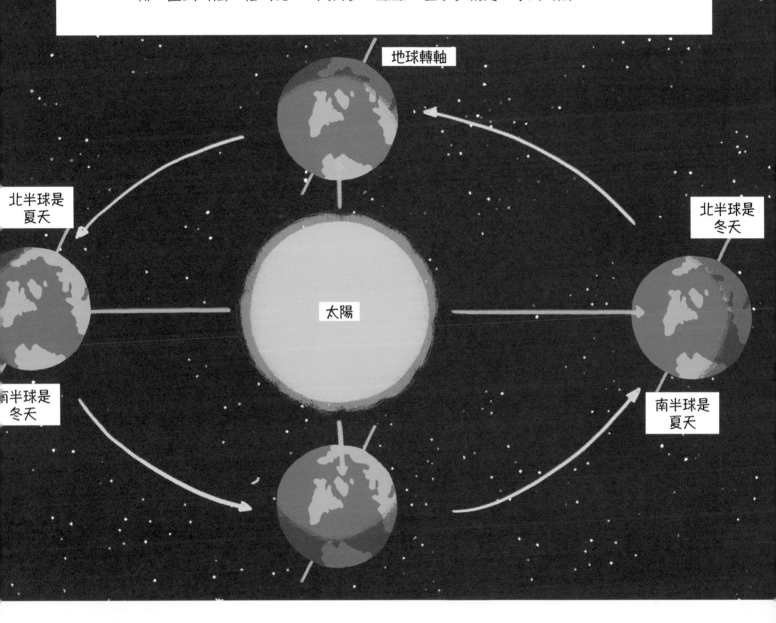

地球轉軸

北半球是
夏天

北半球是
冬天

太陽

南半球是
冬天

南半球是
夏天

## 自轉軸傾斜

地球的自轉軸傾斜再加上它繞著太陽公轉，使得地球上有**四季**變化。地球在軌道上運轉時，不同區域每天面對太陽的時間會有增減。地球中間環繞著一條名為**赤道**的隱形線。在赤道北邊稱為**北半球**，南邊稱為**南半球**。某個半球向太陽傾斜時，就會接收到比較多的陽光與熱，所以就形成了夏天。而當這個半球向外傾斜，接收到的熱量就比較少，於是形成冬天。當地球從夏天的位置過渡到冬天的位置時，就會形成秋天；反之從冬天的位置過渡到夏天的位置時，就會形成春天。

由於地球自轉軸傾斜的關係，赤道附近的區域整年都會接收到同等強度的陽光，因此這個區域不會有四季變化。

# 月球的影響

月球與地球的關係密切。
它們各自的重力都影響著對方。

 ## 月球如何形成？

**月球**是繞著地球運轉的岩質天體。天文學家相信，月球是在45億年前，因一個約火星大小的行星撞擊地球所形成。撞擊所產生的碎片，在地球重力的牽引下聚成球體。經過非常久的時間，密度大的物質集中在月球核心處，密度小的物質則移動到表面。所以月球現在就跟地球一樣，有顆熾熱的金屬核心，以及一層固態的岩石地殼。

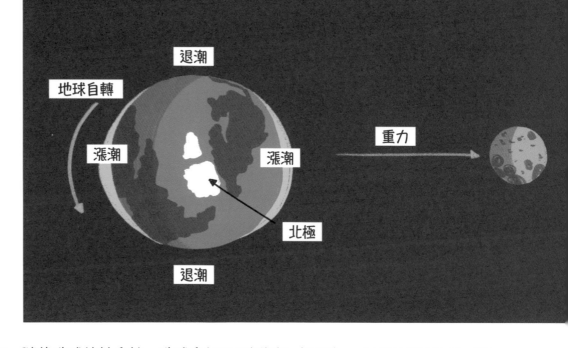

##  潮汐變化

月球的重力會產生**潮汐力**。地球上最靠近月球的那一側的海水會被拉向月球,產生明顯的漲起。因為地球自身的重力,離月球最遠那一側的海洋也會漲起。這樣的現象就稱為**漲潮**。地球就好像受到擠壓那樣,兩側向外膨起,而中間的部分則變得比較平。變平的部分就是**退潮**。隨著地球繞軸自轉,地球會經歷2次膨起(漲潮),以及2次的拉平(退潮)。所以大多數的海岸每天都會經歷2次漲退潮。

太陽也會產生潮汐力,但它的影響比較小,因為太陽距離地球比月球距離地球要遠得多了。當太陽、月球與地球呈一直線時(滿月或新月時,請參考下一頁),重力會達到最強,此時潮水也漲得最高。

##  平衡

地球自轉時會有輕微的搖晃,就像轉動的陀螺也會有點搖晃一樣。月球的重力會幫助地球維持在軌道上。沒有月球的重力,地球在自轉時就會產生更大幅度的來回晃動,天氣與氣候就會變得更加極端,甚至連日子與季節都會與我們現在所知大不相同。如果月球消失,那麼依潮汐而生並在退潮時產卵的海洋生物也會受到影響。少了月球,我們的世界雖然仍會存在,但就會變得非常不同了。

## 登上月球

除了地球外,月球是人類在宇宙中唯一踏上的其他天體。人類在1969年首次登上月球。目前送上月球進行採樣與攝影的無人太空船,已經超過100艘。人類夢想有朝一日可以在月球上定居。

# 讓月球發光

月球似乎每個晚上都在改變形狀。
數千年來,月球的週期變化引導著人們的生活。
不過,我們當然還是需要物理學來解釋這樣的現象。

## 月球的運行週期

月球是地球唯一的自然衛星,也就是說它是唯一繞著地球旋轉的自然天體。月球完整繞地球一圈需費時27天。然而從我們的角度來看,因為我們也在移動,當月球完整繞一圈回到原點時,我們已不在原地,月球還得往前移動一段距離,我們才會覺得是完成一個週期,所以感覺起來大約有29天,也就是**農曆(陰曆)**一個月的天數。

## 形狀變化

月球本身不會發光,但會**反射**太陽光。月球跟地球一樣會繞軸自轉,這表示月球的不同區域會在不同的時間中面向太陽,當月球面向地球的那一側完全照到陽光時,就是**滿月**。當月球面向地球的那一面只被太陽照到一半時,就是**半月**。若月球面向地球的那一面完全沒有照到光,我們就看不到月球了。

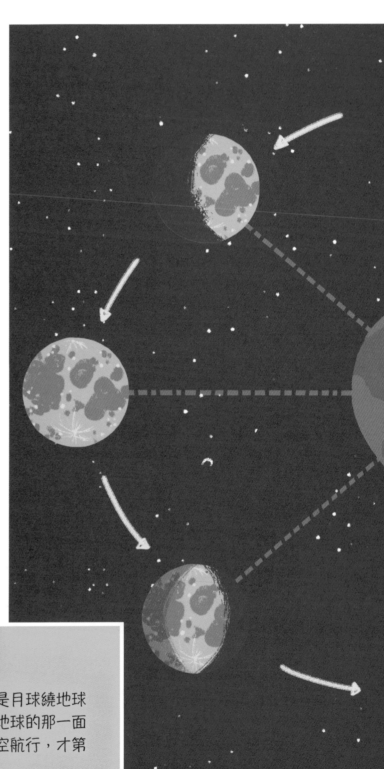

## 物理新鮮事

月球自轉一圈的時間,恰巧就是月球繞地球轉一圈的時間。這表示它面對地球的那一面會始終面向地球。人類經由太空航行,才第一次看到月球的背面。

## 🌑 月蝕

就像太陽會有日蝕一樣,月球也會有**月蝕**。當月球、地球與太陽連成一線,導致月球進到地球的陰影中,就會產生月蝕。月球完全沒入陰影中時就是**月全蝕**,這時的月球看起來呈現顯著的紅色。太陽光中波長較短的藍光撞擊到地球大氣層會被反射出去,而波長較長的紅色則會折射進入地球的陰影之中。這些紅光打在月球上,讓它看起來是紅色的,這就類似我們在地球上看到日落時的情況。

## 🌑 為什麼太空人在月球上可以跳得比較高?

地球的體積及質量都比月球來得大。物體的質量越大,所擁有的**重力**就越強。這意味著如果你在地球上跳起來,地球拉你回到地上的重力,會比在月球上大得多。因此,太空人在月球上跳起來的高度,會比在地球上來得高!比較小的月球重力,也會讓你的體重變得不一樣。月球的重力是地球的1/6,所以你在月球上量到的體重,也會是地球上的1/6。

# 進入黑洞

宇宙中充滿了神秘事物。
其中最奇特的事物之一，就是實際上看不見的**黑洞**。
我們會知道有黑洞存在，
是因為在黑洞周圍的其他物體（例如恆星與塵埃）所產生的反應。

## 黑洞是什麼？

黑洞是一個重力場強到讓任何東西都無法從中逃脫的空間，就連光也逃不掉。大型恆星用盡燃料並死亡時，就會形成許多黑洞。恆星向內塌陷到一個非常微小的空間中，留下重力超級強大且物質極端緻密的區域。這些黑洞就是所謂的**恆星黑洞**，它們散佈在整個宇宙中。

每個星系中央都可以發現**超大質量黑洞**。科學家不確定這些黑洞是如何形成，不過他們清楚知道它們非常巨大。這些黑洞的質量比100萬顆太陽還大。銀河系繞著旋轉的那個黑洞，其質量比太陽要大400萬倍。

### 物理新鮮事

地球並不會掉入黑洞中，因為地球附近沒有距離夠近的黑洞。太陽也不會變成黑洞，因為它還不夠大。

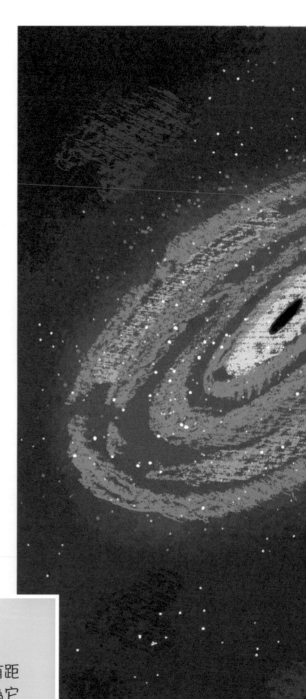

## 無法回頭的點

來到這個「點」的事物，都會發生改變。當物質受到黑洞重力吸引而流向黑洞時，速度會隨著重力越來越強而變快。想想河流的水從瀑布傾洩而下的畫面。當河水距離瀑布頂端還很遙遠時，流速會較慢，身在河中的人還有機會逃脫。但是當河水接近瀑布頂端邊緣時，流速會加速到沒有任何人或物體能夠逃脫，所有一切都會隨著水流衝下瀑布。

黑洞裡那個無法回頭的「點」，被稱為**事件視界**。位在這個點上的物質，會以**光速**（光是宇宙中最快速的東西）移動。這表示就連光本身也無法逃脫，所以我們才會稱這些洞為「黑」洞。

## 「看見」黑洞

黑洞若是又黑又暗，我們要如何才能看見黑洞？科學家是經由觀察黑洞周圍的物質，也就是觀察接近事件視界的物質，才能知道黑洞的存在。進入黑洞的恆星、氣體、塵埃與時空本身會被扭曲。這些物質在被黑洞吸入時也會變得非常熾熱，而超級望遠鏡可以偵測到這些熱。此外光線被重力捕獲時會偏折。經由觀察上述情形，科學家可以試著去了解這些看不見的神秘現象。

# 探索太空

往宇宙航行與探索的競賽已經開始。
探測器飛得越來越遠，科學家也希望可以讓人類去到太空中更遠的地方。

##  起初

1957年人類首次發射到太空中的人造衛星，是俄國的衛星史普尼克1號。任何繞著地球旋轉的物體，都能稱為衛星。史普尼克1號繞著地球轉了22天，它所傳送回來的無線電訊號，為我們帶回了太空與地球上層大氣的資訊與觀察資料。

史普尼克一號是由火箭載運發射到太空中，它應用了以下物理定律：每個作用力都有**大小相等，且方向相反的反作用力**。當史普尼克一號的燃料燃燒，並以爆炸衝擊地面時，地面會以同等力道回推，將它送入太空中。

##  最先登上太空的人

第一位登上太空的人是俄國太空人**尤里·加加林**。他在1961年搭乘簡單的太空船繞行地球，在太空中待了108分鐘。1965年俄國太空人**阿列克謝·列昂諾夫**走出太空船，進行了人類史上的第一次太空漫步。他必須穿過一組**氣閘**才能進入太空中。太空船內的壓力與太空中的壓力大不相同，所以需要氣閘協助保持內部壓力的穩定，並防止太空人所需的空氣散逸到太空中。列昂諾夫進入太空時繫有一條與太空船相連的安全繩，確保他在沒有重力將他拉回太空船的情況下不會飄走。他在太空中待了10分鐘左右。

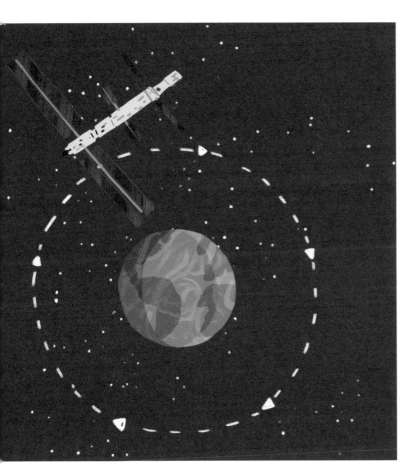

## 繞行或脫離

當太空船以適當的速度飛行，就可以進入地球軌道，開始繞行地球。太空船離開地球時，是以弧形路線飛行。強大的推進力讓太空船快速行進，但它還是會受到地球重力的影響。若它飛行速度快過每小時40,000公里這個所謂的**脫離速度**，它就能逃脫地球重力，以直線飛向外太空。若它的速度恰巧等於脫離速度，它就會進入地球**軌道**，並一直繞著地球飛行。國際太空站（讓太空人在太空中進行實驗、觀察、維修等工作的太空船）就是以這個速度繞行地球運轉。

## 今日的太空航行

目前人類已經送出許多無人太空船到太空中拍攝與觀察人類無法到達的遙遠之地。這些無人太空船就是所謂的**太空探測器**。以**新視野號探測器**為例，它在2015年飛過了冥王星，為我們提供了這顆矮行星的第一張特寫照片。它甚至還更進一步拍攝到海王星軌道外的小行星帶「古柏帶」中阿羅科特星的第一張特寫照片，它是探測器目前所到的最遠天體。**航海家1號**與**航海家2號**這兩個探測器於1977年發射。航海家1號在2012年成為第一艘離開太陽系進入星際空間的太空船。

無人探測器

# 派上用場的 物理學

看看你的周遭。橋梁、跑車、摩天大樓……
我們生活的各個方面，都需要應用到物理學。
有了力、能量、原子、時間與空間的知識，
人們得以應用物理學來建構我們的世界。

**應用物理學**是將物理學實際應用在現實世界中的一門學問。
橋梁要如何才能撐起幾百輛車的重量？
車子要如何快速地加速？
飛機要如何抵抗重力飛行？
在這個章節中，
我們將回答上述問題，
並整合更多的知識來了解物理學的實際運用。
我們也將進行未來之旅，
去看看接下來會出現什麼樣的科技。
在你有生之年，
物理學會將你帶往哪裡去呢？

# 運動中的科學

像跑步、丟球與踢球這類日常運動，都會用到力與能量。
就連球本身的設計也與物理學有關。

## 能量轉換

你運動時會用到身體中儲存的**化學能**。以踢球為例，化學能會轉換成**動能**，讓我們得以移動腳去踢球。然後動能經由腳踢的力道，轉移到球上。而獲得動能的球就會飛過空中。

## 擾流

球飛過空中時，會遭遇到空氣中的阻力而慢下來。此外球也會碰到氣囊形式的**擾流**，帶走球的動能。一顆平滑的球飛行時，後方會留下大片的擾流，不過高爾夫球就不一樣，它有著特殊的設計。高爾夫球的表面有著均勻分布的小凹洞，使得球的表面變粗糙。這些凹洞有助於流過球的空氣能更緊密地貼合球面，降低讓球變慢的空氣阻力。這些凹洞讓高爾夫球得以飛得至少比平滑的球遠3倍！

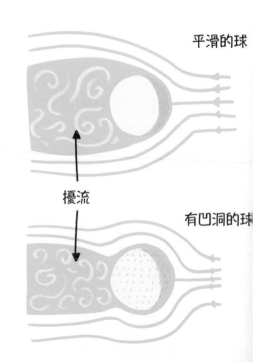

平滑的球

擾流

有凹洞的球

# 彈跳

**拜牛頓第三運動定律**所賜，球打到地面時，地面會回推給球一個大小相同的力，讓球彈跳起來。不過有些球彈得比其他球高，有些球的表面彈跳性也比較好。

球往地面落下時帶有動能，球打到地面的那一刻會**壓縮**，並將能量儲存成**位能**。當球再次彈起，儲存的位能又會轉換成動能，讓球可以移動。籃球的外層硬實，內部充滿空氣，所以壓縮性良好，可以回彈得很高。另一方面，較軟的球打到地面時會彎曲變形，而且幾乎不會回彈。

像泥地這類柔軟的表面，也無法幫助球彈起。因為它會**吸收**大部分的動能，讓球失去能量。不過堅硬表面就不會吸收太多的能量，所以球可以再次彈高。這就是為什麼籃球選手會在沒有地毯的室內木板球場上打球的原因！

是硬還是軟？

## 讓我們跳起來！

彈跳床能讓你彈跳起來，也是應用了牛頓第三定律。彈跳床的床面雖硬，卻具有彈性，當你落在彈跳床上時，彈簧會讓床面可以上下移動。它不會吸收你的大部分動能，而是可以將同等力道回推到你身上，讓你彈得跟之前一樣高，或甚至更高！

# 建造橋梁

橋可以讓人、腳踏車、汽車或火車,從一個地方跨越到另一個地方。
早期人們就是簡單地將原木橫放在一條狹窄的河面上,就成了一座橋。
後來的橋造得越來越精密,
建造時不僅可以依照它們橫跨的空間來設計,
也能配合它們的負重需求。

## 平衡作用

**工程師**在設計橋梁時,必須**平衡各種力**,讓橋可以穩穩聳立。
橫跨峽谷或水域這類大面積區域的橋梁,缺乏可以支撐它本身
重量的反作用力。**重力**會把橋向下拉,若是沒有東西可以平衡
重力,橋就會倒塌。工程師必須平衡**張力**(向外拉伸的力)與
**壓力**(向內推擠的力),還得確保橋樑所負載的重量(包括橋
本身與橋上的任何物體)可以取得平衡並受到支撐。

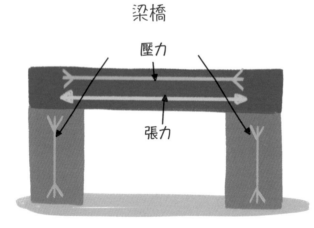

梁橋

壓力

張力

## 梁橋

**梁橋**是最簡單的橋梁,它類似最早的原木橋,但建造的高度較
高。堅硬的**梁**由兩端的**橋墩**所支撐。有物體在橋上時,梁會下
陷,並且同時受到張力與壓力。負重會傳送到橋墩,橋墩會承
受一些壓力,被向下擠壓。橋的梁越長,梁中間下陷的程度就
越大,所以簡單的梁橋通常都是短的。較長的現代梁橋在下方
會有更多的強化物(例如額外的支柱)來支撐負重。

## 拱橋

**拱橋**在兩端使用較寬的支柱,並在梁的下方使用一排拱形來分擔負重。負重對地面施予推力,地面以相同的力道回推,讓橋梁能夠穩穩矗立。拱橋所能跨越的距離比梁橋來得大,但拱橋下方能夠通過的空間就沒有那麼大了。

拱橋

### ？ 物理新鮮事

壓力會壓在拱形上,將石頭推得更密合,所以隨著時間過去,拱橋會越來越堅固!

## 吊橋

吊橋

若要跨越較大的距離,工程師會選擇建造**吊橋**。吊橋有從下方支撐橋身的橫梁,還有從上方懸吊橋身的高聳**橋墩**。橋墩與橋墩之間由橫掛的**鋼纜**連接,這些鋼纜則會再綁上多條垂直連接橋身的鋼纜,以支撐負重。

## 斜張橋

若橫跨的距離較短,可以考慮短一點的**斜張橋**。斜張橋會有1~2個橋墩,纜繩會從橋墩直接連結到橋身作為支撐。

斜張橋

# 摩天大樓

高聳入雲端的摩天大樓,似乎不把重力看在眼裡。

##  為什麼往天空發展?

為了在小小的區域取得更多空間,人們向上蓋起了大樓。不過若要這麼做,就得開始對抗**重力**。想一想疊高積木時的情況,積木疊得越高,越上面的積木就越難平衡。任何一點風吹草動,積木就會掉下來,因為地球的重力會讓積木掉落。

## 承重

摩天大樓越蓋越高,高樓層的重量對於要承重的低樓層負擔太大,大樓可能會向下塌陷。為了避免這種情況發生,就必須加重大樓底部的重量,以支撐上方的重量。金字塔就應用了這項原理。金字塔的底部很寬,每往上一層就會縮減一些面積。這代表每一層都支撐得了其上每層的**重量總和**。

## 建造

在現代城市中,建造超大地基的建築很不切實際。所以工程師與建築師改用新材料來解決問題。鐵與鋼在1800年代變得更容易取得。突然之間,建築師就有了新的建築材料可以運用。所以他們不用大型石塊與磚頭,而改用細長且輕盈的**金屬梁**來支撐龐大的重量。

每棟別緻的摩天大樓都是以**鋼骨**結構建築而成。垂直的金屬梁提供樓層與樓層之間的支撐,而每個樓層又是立基在水平的金屬梁上。許多高聳的建築物也會使用斜向的梁來提供額外的支撐。所有的重量都會轉移到垂直的柱子上。重力經由垂直的柱子,對地基的支撐結構施予下壓的力量。深層地基打在地球的基岩上,以支撐上方的結構。

內部結構

## 🏢 在風中搖晃

隨著摩天大樓越蓋越高,大樓就越來越容易受到**風力**的影響。大樓雖然會前後搖晃,但不會倒塌,不過位在其中的人們會感受到晃動!為了避免出現感受得到的搖晃,鋼骨會牢牢地連接梁的每一個相交處。特別高聳的建築物還會強化中間部位,以建造超強核心來抵抗風力,甚至地震的侵襲。摩天大樓還會用阻尼器以及減震器來分散能量。控制風力晃動的新興科技與電腦應用,持續在發展中。

# 追求速度

許多人開車是為了四處走走，
或是用來載運購買的商品以及行李，
不過也有人是為了追求速度而開車。

## 速度的需求

**速率**是指物體可以多快從一個地方移動到另一個
地方。在物理學中，我們還會談到**速度**。速度是
指某物在**特定方向**上可以多快速移動。往不同方
向移動的車子可能會有同樣的速率（只有大小沒
有方向），但它們的速度（有大小也有方向）是
不同的。

速率是相對的。即使你覺得自己坐著沒動，地球
還是在自轉，也繞著太陽公轉。因此速率難以察
覺，而**加速度**就比較容易可以感受到。加速度是
指速度上的任何**改變**，也就是你往某特定方向移
動時的任何速率改變。想想你在車子或火車上移
動時，司機突然煞車的情況。你的身體會突然往
前傾！相反的，若是車子很快地加速，你也會突
然往座椅的方向後傾。此外，若車子快速轉彎，
你的身體也會感覺到被推向另一邊。

你之所以會有這些感覺，是因為**牛頓的第一運動
定律**。你的身體會持續地沿著原來的方向與速度
移動。這就是**慣性**。

流線型

這就是定律！

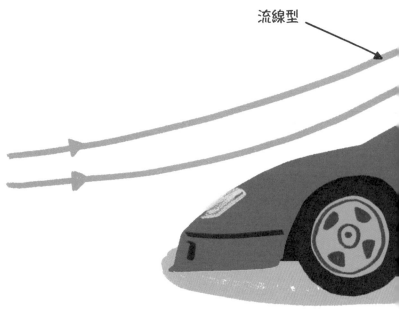

## G力

汽車突然煞車時，你的身體會繼續往前移動，直到被安全帶拉住為止。汽車快速轉彎時，你的身體也會持續往原先的方向移動，所以會覺得自己好像被推到另一邊去。試圖讓你保持原有運動狀態的慣性，就是所謂的**G力**，也就是重力（gravity）。跑車可以跑得很快，所以駕駛會感受到強大的G力。

## 空氣阻力

物體移動的速度可以多快，取決於物體有多重、施力有多大，以及要對抗的**摩擦力**有多強。車子在平順道路上可以跑得比在顛簸的道路上快。平順的道路代表車輪與道路之間的摩擦力較小，而摩擦力就是讓車子速度變慢的原因。**空氣阻力**也可以造成摩擦力。物體的表面積越大，會打到它並讓它減速的空氣就越多。車子的速度越快，承受到的空氣阻力就越大。跑車會採用順暢的**流線型**設計，將空氣向上或向車身周圍疏散，以減少阻力。許多跑車還會在車後方裝設擾流板或尾翼，好將車子向下壓，以避免在高速行駛時飛離地面。

氣流

擾流板

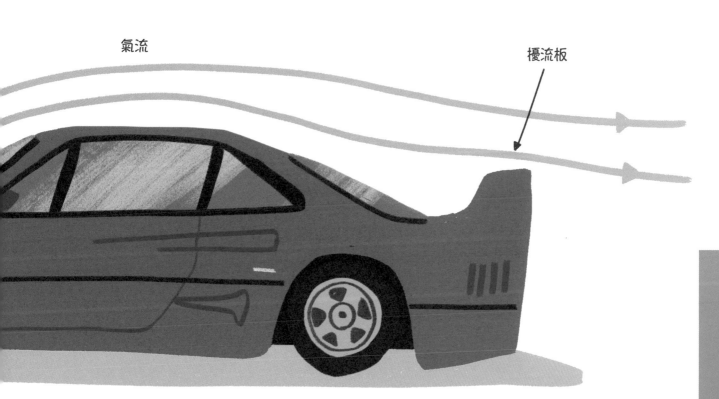

# 找到方法飛上天

人類在二百多年前發明了熱氣球與滑翔翼後，就開始進入飛行時代。
不過直到1900年代以引擎為動力的飛機飛上天後，所有一切才發生改變。
人類在突然之間就有能力比過去移動得更快也更遠。

## 達文西

在第一架飛機飛上天的幾百年前，義大利發明家暨藝術家**達文西**就已經畫出了飛行器的草圖。達文西出生於1452年，是文藝復興時期的重要人物，那是個充滿發現與藝術創作的時期。達文西畫了許多飛行器的設計草圖，其中也包括了專為人類設計的翅膀。他還在世時，這些設計想法未能實現，也始終不為人知。

阻力

## 飛行的作用力

物體飛行時會受到4個主要的作用力。

**阻力**：阻力與物體飛行的方向相反，會減緩飛行物體的速度。這裡說的阻力就是空氣阻力。物體在空氣中移動的速度越快，阻力就會越大。飛機會採用平順的流線型設計，好將空氣導向機身周圍以降低阻力。

**升力**：升力是由空氣所產生，是對抗重力的力。升力會將物體向上推到空中。飛機快速飛越天空時，空氣會被導引到機翼周圍。機翼的上緣呈圓弧狀，所以空氣流過上方的速度會快過下方。空氣流動得越快，壓力就會越低，所以機翼上緣的壓力會比下方低，於是機翼就會感受到從下而上的升力。

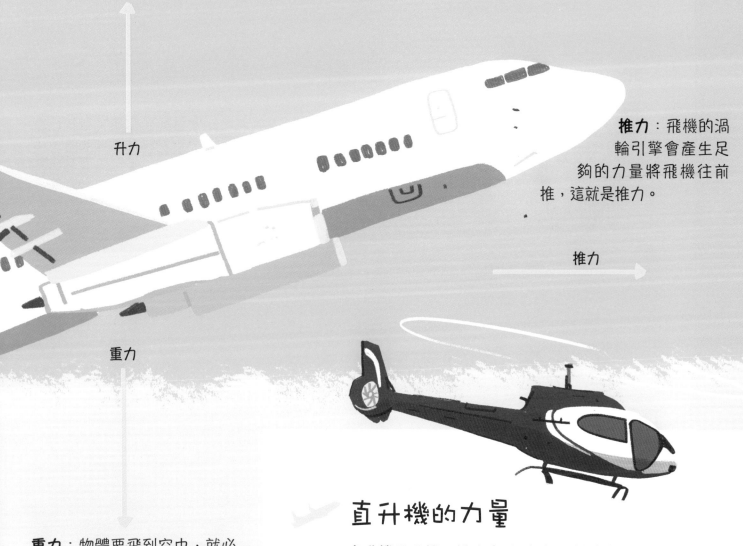

升力

**推力**：飛機的渦輪引擎會產生足夠的力量將飛機往前推，這就是推力。

推力

重力

**重力**：物體要飛到空中，就必須克服重力。地球的重力會將物體往地面拉。飛機與直升機會用強大的引擎以及機翼與螺旋槳來對抗重力。

## 直升機的力量

**直升機**跟飛機一樣也會受到4個同樣的作用力。不過直升機有自己的一套飛行方式。直升機是以**螺旋槳**來產生升力。螺旋槳的葉片旋轉得非常快速，而且就跟飛機的機翼一樣，上緣呈弧形。這樣的設計有助於在螺旋槳上方產生較快的氣流，並造成下方的壓力高一些，以便將直升機向上推。也因為直升機可以自行產生升力，所以它能垂直上升，不像飛機還需要跑道才能起飛。當4個作用力平衡時，直升機就能在空中盤旋，甚至可以向後飛！

# 浮船

船有著沉重的金屬結構，你可能會以為船會因此沉到海底。
但事實上，只要設計師善用物理學，船就會浮起來！

## 🔺 阿基米德

阿基米德出生於西元前287年，是個著名的古希臘發明家與數學家。他的**阿基米德原理**幫助我們了解船為何會浮起來。他發現物體在水中時會佔據水的位置，將水推開，也就是具有**排水性**。比如你進入浴缸後，水位就會上升，這是因為身體佔據了水原先的位置，並將水向上推所致。阿基米德還說，作用在水中物體的向上之力，等於該物體排開的水重，也就是所謂的**浮力**。

## 🔺 會浮還是沉？

按照阿基米德原理，我們知道若是物體比它所排開的水還要重，它就會**往下沉**，因為浮力不夠大到能將物體向上推。若是物體比它所排開的水還要輕，那麼它就會**往上浮**。這表示船要浮起來，就必須比它所排開的水還輕。可是船是用那麼沉重的金屬建造而成，它要如何比水還輕呢？這個答案就在幾乎沒有重量的東西上！

就是空氣啦！

船隻充滿了**空氣**，船身建得很大，佔據了水中不少空間，但船身大部分是中空的，裡頭只有空氣。這意味著，佔據了如此大空間的船身重量，要比所排開的大量水輕多了。水對船施加的推力大過船本身的重量，所以船會浮起來。

## ？物理新鮮事

全世界最大的遊輪高達16層樓，長度超過3.5個足球場。這類遊輪可以搭載將近50萬人也不會沉下去。

## ⛵ 沉沒

著名的鐵達尼號在1912年不幸沉沒。鐵達尼號在海上航行時，撞到了海面下的冰山。冰山在船上撞出了個洞，冰冷的海水就湧進船中。水取代了船內的空氣，所以船身很快就變重，重到無法浮起來。這艘浮不起來的船最終就沉入海底了。

# 飄浮在軌道上

人類運用磁鐵的物理原理創造出一種可以對抗摩擦力的列車，
這是一種會飄浮在軌道上的列車。

## 火車與軌道

鐵軌已存在數百年，一開始僅供手推車使用，後來還供火車行駛。今日的列車有**引擎**提供動力。大多數的高速列車與市內電車也會使用**電力**。馬達驅動列車的車輪，而嵌入軌道的車輪推動列車向前走。

## 磁懸浮

**磁浮列車**就不一樣了。這種列車不會接觸到鐵軌，而是懸浮在軌道上方。它們也不是用燃料作為動力，而是以**電磁力**為動力。

磁力！

我們知道磁鐵上的異極會相吸，而同極會相斥。磁浮列車的底部裝有大型磁鐵，而軌道上也繞有磁線圈。電流通過線圈時會創造出電磁鐵。強大的磁鐵與電磁鐵相斥，而將列車上推至懸浮在鐵軌上。電流可以用來改變磁鐵的**極性**，好讓列車前方的磁鐵被吸引，拉動列車向前行駛，而後方的磁鐵被排斥，以增加額外的推力。

## 如何停車？

磁浮列車不像其他列車配有煞車，那它該如何停下來呢？就像它運用電磁力向前行駛一樣，停下來也是使用電磁力！通過線圈的電流方向相反時，極性也會**相反**。所以列車前方的磁鐵會**相斥**以便擋住列車，而列車後方的磁鐵會**相吸**以便拉住列車，讓它減速至停下來。

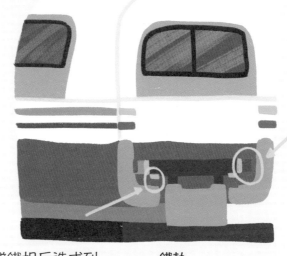

利用磁鐵相斥的特性，來防止列車碰觸到鐵軌側邊。

磁鐵相斥造成列車懸浮，並推動列車向前行駛。

鐵軌

## 無摩擦力

在傳統的鐵軌上，摩擦力會作用在列車的輪子上，減慢列車的速度。磁浮列車沒有碰觸到鐵軌，所以不會有**表面摩擦力**。這樣有助於列車節省能量並以高速行駛。

## 空氣阻力

雖然沒有來自鐵軌的摩擦力，但列車還是會受到來自**空氣阻力**的摩擦力。列車高速行駛時，空氣阻力也會增強。空氣阻擋列車，讓列車的速度慢下來，所以列車會採用平滑的流線型設計，將空氣引導到列車周圍，好讓列車能夠快速穿過空氣。

# 新興科技

物理學家持續挑戰極限，找尋新方法，
將物理學應用在我們的生活中。

## 奈米科技

奈米科技是**奈米尺度**的科學。**一奈米**是十億分之一公尺。人的一根頭髮就有100,000奈米寬。奈米尺度真的非常的小！奈米尺度的物體只有1~100奈米寬。這正好是可以應用在原子或分子層級的尺度範圍。科學家使用顯微鏡來觀察與控制奈米尺度的物質。因為科學家懂得如何運用原子這種建構物質的積木，所以他們可以從基礎來強化或操控物質。舉例來說，較輕的材質可用來建造汽車、飛機、船隻，甚至太空船。如此一來就能降低燃料需求，節省花費，並減少對地球環境不友善的廢氣排放。

## 物理新鮮事

你的指甲每秒大約會長長1奈米！所以每天大約會長86,400奈米（比十分之一公釐還要小）長，然而這個長度還是小到你根本不會注意到。

## ✳ 無人駕駛汽車

我們過去認為汽車與駕駛缺一不可。但真的是這樣嗎?無人駕駛的**自駕車**可以自己行駛!大多數的自駕車行駛時會使用感應器來取得周遭環境的空間位置,車子就可以根據情況煞車、行駛或加速。這項科技雖然能夠協助更多人移動,卻也會造成燃料廢氣的排放量增加,除非車子能改用電力或其他替代能源。要出現整條路都是無人駕駛的汽車,還有一段很長的路要走,但人們心中確實可以想像出這樣的景象了。

## ◉ 醫學

高頻音波可以用來創造人體內部的影像,例如成長中的胎兒或軟組織。從組織上反射回來的超音波,會在螢幕上形成影像。傳統的超音波影像只有二維,也就是平面的影像。近年來,經由將超音波以某個角度打入,讓影像具有深度,使得三維超音波影像得以成真。而現在的科技人員甚至還加上了**第四個維度**,也就是「時間」。四維的超音波掃描就有如一部掃描影片,會顯示即時的影像。新興的超音波科技還有**超音波彈性成像技術**。這項技術可以檢測組織的**彈性**以確認組織的軟硬度,協助確認癌症或肌肉骨骼的問題。

# 未來的物理學

科學家從未停止提出疑問。
有時某些概念顯得太過遙不可及，
最後卻成為今日確實存在的東西！

## ✳ 創新能源

由於某些能源即將耗盡，而另外一些能源運用起來又過於昂貴，所以科學家始終在尋找新的發電方式。

**岩漿發電**：已經在使用的地熱能源所運用的是地底下的熱能——將水以管線送到地下，好被炙熱的岩石加熱，轉化成水蒸氣上升推動渦輪運轉。目前科學家還發現到，若他們在火山周遭的地面向下挖得更深一些，那裡的岩漿還可以將水加熱到更高的溫度。**岩漿發電**所產生的電力，可高達正常地熱發電的**10倍**。像冰島等有火山活動的地區，正在進行這樣的調查研究與測試。

位在火山旁的發電廠

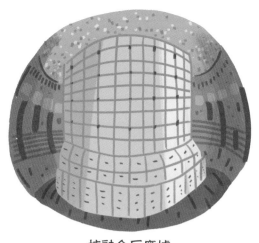

**核融合反應爐**：太陽經由核融合釋放能量。氫原子核結合在一起創造出氦原子，並在過程中釋放出大量能量。**核融合反應爐**就是專門用來再造這個過程的裝置。這個裝置中具有一個含氫的環形管，它會被加熱到跟太陽一樣熱的溫度。裡頭的氫原子發生核融合反應，並釋放出巨大的能量。這種友善地球環境的科技可以改變人們的生活，但卻造價昂貴且不易建造，所以還有很長的一段路要走。

核融合反應爐

戴森群

**戴森球**：核融合反應爐試圖複製的是太陽的能量。而**戴森球**則是想要捕捉恆星的能量。這個構想是，你可以用一個大小有如太陽系的球形巨大結構去包圍住一顆恆星，以便收集它的熱能及光能。戴森球是一個可以包圍住整個太陽系的中空結構。另一個具有可能性的構想是戴森群，就是以數千個鏡子或太陽能板包圍住一顆恆星或太陽，來取用它的能量。目前這些都只是構想而已，尚未有實現的可能！

# ✳ 時空旅行

長久以來，人們便不斷在科幻故事裡探索時空旅行的概念。有些物理學家也絞盡腦汁在思考這件事。愛因斯坦是這樣解釋這個想法：他說你移動得越快，時間就過得越慢。所以當你在太空中移動得越來越快時，時間就會慢下來。繞著地球轉的國際太空站上的時鐘，確實比地球上的時鐘走得稍微慢一些。理論上，若你在太空中以近乎光速的速度前進之後再回到地球，那你回來時會比其他人都還要年輕，就像是從未來回來的一樣！科學家也在探索可以在太空或粒子中回到過去的蟲洞理論。但是，以這種方式進行時空旅行夠安全嗎？這麼做會改變時間線，讓我們遇見過去或未來的自己嗎？我們該進行時空旅行嗎？你怎麼看呢？

# 詞彙表

**2畫**

**力**：可以改變物體運動或形狀的推力或拉力。

**4畫**

**中子**：在大多數原子核中會發現的不帶電粒子。

**分子**：一組鍵結在一起的原子。

**化石燃料**：煤炭或天然氣這類由數百萬年前死亡生物遺骸所形成的燃料。

**化學鍵結**：將原子結合在一起的力。

**反射**：不會被吸收而是回彈。

**水阻力**：物體在水中移動時所感受到的作用力。

**5畫**

**生物能源**：可以作為燃料的動植物物質。

**6畫**

**光子**：像光粒子之類帶有能量的小封包。

**光學**：對於視覺與光之作用的研究。

**再生能源**：太陽能或風力這類不會耗盡的能源。

**向上推力**：液體或氣體對物體施加的向上之力。

**地基**：建築物的最底層，負責承重，通常建在地底下。

**7畫**

**折射**：光束從一個物質穿過另一個物質時所產生的偏折。

**8畫**

**波長**：一個波峰到下一個波峰之間的距離。

**物質**：具有質量並會佔據空間的東西。萬物都是由物質所構成。

**空氣阻力**：當物體穿過空氣時，空氣對物體所造成的作用力。

**阻力**：物體在水或空氣這類液體或氣體中移動時會感受到的抵抗力。

**非再生能源**：像石油這類不易取代的能源。

**9畫**

**星系**：天體、氣體與塵埃因重力聚集形成的群體。

**星雲**：太空中由氣體與塵埃所形成的雲體。

**流線型**：會降低空氣阻力或水阻力的形狀。

**軌道**：繞著恆星或行星轉動的固定重複路徑。

**重力**：讓物體彼此相互吸引的力。

**重量**：重力對物體質量所產生的作用力。

**音調**：聲音的高低。

**10畫**

**原子**：為物質基本單位的微小粒子。

**原子核**：原子的中心部位，由質子與中子所構成。

振動：物體、物質或波的前後振盪。

振幅：波以中線為基點所測出的最高點。

核融合：原子核結合形成更重的原子核，並釋出能量的反應。

真空：沒有任何物質的空間。

能量：可以做功並且讓事物能夠運作的某種東西。

## 11畫

探測器：送到太空中探索並傳送數據與照片回到地球的無人太空船。

推力：噴射機或火箭引擎所產生的向前之力。

符合空氣動力學：具有可以讓物體快速穿過空氣，降低空氣阻力的形狀。

粒子：原子或分子這類構成物質的基本單位。

速度：物體能夠多快地往特定方向移動。

## 12畫

發電機：可將動能轉換成電力的機器。

絕緣體：不易傳導熱、聲音與電的物質。

## 13畫

傳導性：電、熱或聲音在物質上傳送的特性。

電力：帶電粒子移動所產生的能量。

電子：在原子中帶有負電荷的粒子。

## 14畫

對流：在液體或氣體之中，因熱物質上升與冷物質下沉產生之流動所造成的熱轉移過程。

磁力：存在於某些物質中，會造成這些物質相吸或相斥的隱形力。

## 15畫

潮汐：海水的起伏。

緻密：物質緊密結合在一起的情形。

質子：在原子核中帶有正電的粒子。

質量：物體中所含有的物質數量。

## 16畫

輻射：以電磁射線形式移動的能量。

頻率：一個振動每秒所產的波數。

## 17畫

壓力：作用在一個區域的推力大小。

聲學：與聲音或聽覺有關的知識。

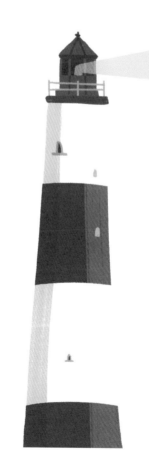